BLV Naturführer

Alpen

Pflanzen und Tiere
nach Farbfotos bestimmen

Dr. Eckart Pott

BLV Verlagsgesellschaft
München Wien Zürich

Bildnachweis

Aichhorn: 101 ur, 115 o. Apel: 19 o, 21 ur, 57 o. Bayer. Landesanstalt für Fischerei, Starnberg: 79 u, 81 o. Beck: 79 o. Danegger: 107 o, 111 o, 123 u. Eigstler: 43 u, 51 o, 53 u. Eisenbeiss: 17 u, 25 o, 29 o, 31 o, 35 o, 35 u, 37 o, 37 u, 39 o, 43 o, 45 u, 53 or, 55 u, 61 o, 61 ul, 63 ol, 63 or, 63 ul, 63 ur, 67 ur. Hölscher: 23 or, 49. König: 119 o. Limbrunner: 93 u, 97 or, 97 u, 103 o, 103 u, 107 ur, 109 or, 111 u. Pfletschinger/Angermayer: 69 u, 75 o, 85 o, 89 u. Pforr: 71 u, 73 o, 75 u, 89 o. Reinhard: 23 u, 29 u, 31 u, 33 u, 55 o, 81 u, 83 u, 85 u, 91 o, 91 u, 99, 107 ul, 109 u, 113 ol, 113 or, 113 u, 115 u, 121 o. Sauer: 73 u. Schrammberger: 101 o, 119 u. Schrempp: 27 u, 33 ol, 67 or. Seibold: 57 u. Seidl: 23 ol, 25 u, 41 o, 67 ol. Wisniewski: 93 o, 109 ol, Wothe: 19 u, 53 ol, 71 o, 117 o, Zepf: 77 u. Ziesler: 121 u
Alle anderen Aufnahmen stammen vom Autor.
Zeichnungen: Barbara von Damnitz
Titelbild: Eigstler (Trollblume)

CIP-Kurztitelaufnahme der Deutschen Bibliothek

Pott, Eckart:
Alpen: Pflanzen u. Tiere nach Farbfotos bestimmen / Eckart Pott. – München; Wien; Zürich: BLV Verlagsgesellschaft, 1984.
(BLV Naturführer; 133)
ISBN 3-405-12935-4

NE: GT

BLV Naturführer 133

Satz und Druck: Georg Appl, Wemding
Bindung: Großbuchbinderei Monheim

Printed in Germany · ISBN 3-405-12935-4

BLV Naturführer

Nachtfalter · Pilze · Vögel · Alpenblumen · Heimische Pflanzen 1 · Aquarienfische · Mineralien + Gesteine · Heimische Pflanzen 2 · Insekten · Säugetiere · Fische · Giftpflanzen – Gifttiere · Wasservögel – Strandvögel · Bäume + Sträucher · Bach – Fluß – See · Heilpflanzen · Wolkenbilder – Wettervorhersage · Schmetterlinge · Wald und Forst · Mein Hobby: Vögel beobachten · Mein Hobby: Steine sammeln · Sterne und Sternbilder · Versteinerungen · Wiesen und Felder · Hunde · Mein Hobby: Pflanzen kennenlernen · Pflanzen am Mittelmeer · Alpen · Strand und Küste – Wattenmeer · Mein Hobby: Schmetterlinge beobachten

BLV Bestimmungsbücher

Pilze · Farbige Pflanzenwelt · Meeresfische · Süßwasserfische · Aquarienfische · Heilpflanzen · Steine + Mineralien · Sterne + Planeten · Tierspuren · Pflanzen- und Tierwelt der Alpen · Bäume + Sträucher · Blumen am Mittelmeer · Pflanzen Europas · Hunderassen der Welt · Insekten + Weichtiere · Muscheln + Schnecken · Edelsteine und Schmucksteine · Katzenrassen der Welt · Säugetiere Afrikas · Wetterkunde für alle · Die Höhlen Europas · Bäume und Sträucher Europas · Vögel · Pferderassen der Welt · Orchideen Europas · Tierische Schädlinge · Aquarienpflanzen · Farne – Moose – Flechten · Gräser · Pflanzen der Tropen · Pilzführer · Tiere und Pflanzen an Mittelmeerküsten · Amphibien und Reptilien · Säugetiere

BLV Intensivführer

Vögel 1 · Laubgehölze · Alpenpflanzen · Pilze 1

BLV Dreipunkt-Bücher

Frühling im Wald · Vögel in Garten und Park · Bäume und Sträucher · Pilze · Pflanzen der Wiese · Sommer im Feuchtgebiet

Weitere BLV Naturbücher

Bergmann/Helb, Stimmen der Vögel Europas · Bianchini/Corbetta/Pistoia, Der große BLV Heilpflanzenatlas · Cetto, Der große Pilzführer, Band 1–3 · Edlin/Nimmo, BLV Bildatlas der Bäume · Eisenreich, Der große BLV Naturführer · Keith/Gooders, BLV Vogelführer · Mottana/Crespi/Liborio, Der große BLV Mineralienführer · Nielsen/Hancke, Heilpflanzen in Farbe · Pacioni, Das neue BLV Pilzbuch · Schauer/Caspari, Der große BLV Pflanzenführer · Schütt/Koch/Blaschke/Lang/Schuck/Summerer, So stirbt der Wald · Schuhmacher, Korallenriffe

Einführung

Entstehung und Aufbau der Alpen

Die Alpen sind geologisch gesehen sehr kompliziert aufgebaut, und Generationen von Erdwissenschaftlern haben sich Gedanken über die Entstehung dieses Gebirgszuges gemacht. Gesteine unterschiedlichster Art und räumlicher Herkunft, sowie verschiedenen Alters sind zusammengerückt. Hebungs- und Senkungsprozesse der Erdrinde haben ebenso zum heutigen Bild beigetragen wie Auffaltung durch seitlichen Druck. Ungeheure Kräfte in der Erdkruste haben also ein Gebilde entstehen lassen, das dann weiteren Einflüssen unterworfen ist. Da sind vor allem die Witterungsbedingungen, die einwirken. Regen und Wind tragen Gestein ab und verfrachten es. Temperatursprünge führen zu Rissen im Gestein. Eindringendes Wasser gefriert, dehnt sich aus und sprengt den Riß weiter auf. Alle diese Kräfte brauchen lange Zeiträume, um ein Gebiet für den Menschen sichtbar zu verändern. Aber sie liefen in den letzten Millionen von Jahren ab, sie laufen heute ab, und sie laufen auch in Zukunft ab. Allerdings werden sich diese Vorgänge nur dem erschließen, der genau hinsieht und vielleicht einmal einen geologischen Führer zur Hand nimmt, in dem er weiterführende Informationen findet. Für den Naturfreund ist vielleicht am wichtigsten, wo er welchen Untergrund vorfindet. Auf der beigegebenen Karte wird in groben Zügen deutlich, daß die Zentralalpen vorwiegend aus **kristallinen Gesteinen** aufgebaut sind, während sich nördlich und südlich davon Gebirgszüge anschließen, die vorwiegend aus **Kalken, Dolomiten** und **Mergeln** aufgebaut sind. Das hat nun wiederum erhebliche Konsequenzen für die Pflanzendecke, denn es gibt Pflanzen, die eher oder nur auf kalkhaltigen Böden gedeihen, und es gibt andere, die eher auf kalkarmen Böden gedeihen.

Lebensbedingungen im Hochgebirge

Tier- und Pflanzenwelt eines umgrenzten Gebietes spiegeln immer auch die klimatischen Bedingungen wider, die hier bestimmend wirken. Allgemein kann man davon ausgehen, daß die klimatischen Bedingungen mit zunehmender Höhenlage immer extremer werden und daher die Organismen vor immer schwierigere Verhältnisse stellen, so daß diese entweder angepaßt sind oder den Witterungsbedingungen nicht mehr

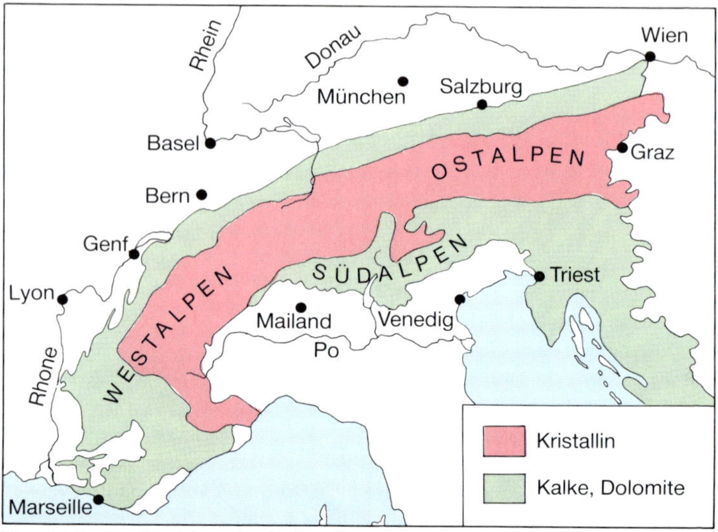

Die wichtigsten Gesteinsarten in den Alpen

standhalten können. Das Klima kann man nun in verschiedene einzelne Faktoren zerlegen, die hier nacheinander betrachtet werden sollen.

Da ist zunächst der Faktor **Strahlung.** Die Sonne strahlt die Energie ab, die die Pflanzen benötigen, um Fotosynthese zu treiben und damit organische Substanz aufzubauen, von der wiederum die Tiere abhängig sind. Ohne Sonnenstrahlung also kein Leben! Die Strahlung der Sonne verliert nun auf dem Weg von der Sonne zum Erdboden an Energie. Man kann die Strahlung in verschiedene Anteile zerlegen, die zusammen die sogenannte Globalstrahlung ergeben, und mißt man diese, so stellt man leicht fest, daß sie im Hochgebirge höher ist als in Tieflagen. Außerdem verschiebt sich der Wellenlängenbereich der Strahlung je nach zurückzulegendem Weg durch die Erdatmosphäre; ein Produkt ist beispielsweise der erhöhte UV-Anteil der Strahlung in Hochlagen.

Ein weiterer für alle Lebensprozesse wichtiger Faktor ist die **Temperatur.** Die durchschnittlichen Jahresmittel der Temperatur nehmen mit zunehmender Höhe ab, und zwar grob gerechnet um 0,5 °C pro 100 m Höhenunterschied. Daraus folgt, daß die Durchschnittstemperaturen beispielsweise auf der Zugspitze wesentlich niedriger liegen als die in München. Hinzu kommt, daß der Gang der Temperatur sowohl im Laufe des Jahres als auch im Laufe des Tages in der Höhe ausgeprägter ist als

in Tieflagen. Dies sind aber insofern grobe Vereinfachungen, als die Alpen ja nicht etwa eine flache Hochebene sind, sondern ein bewegtes Relief aus hoch und tief liegenden Gebieten zeigen, Gebieten, die nach Norden, und Gebieten, die nach Süden exponiert sind. Dies führt dazu, daß die Ökologen Strahlungs- und Temperaturverhältnisse immer kleinräumig betrachten.
Dasselbe gilt auch für die **Windverhältnisse,** die im Hochgebirge ebenfalls extremer sind als in Tieflagen. Tagesperiodische lokale Luftströmungen führen zu selten ruhiger Luft in den Bergen. Die Hochlagen werden außerdem den großräumigen Luftströmungen in vollem Umfang ausgesetzt.
Schließlich seien noch die Faktoren **Luftfeuchtigkeit** und **Niederschläge** angesprochen. Die Luftfeuchtigkeit steht ja in engem Zusammenhang mit der Lufttemperatur. Da nun die Lufttemperatur – wie schon ausgeführt – mit zunehmender Höhe abnimmt, ist die Atmosphäre in höheren Lagen wasserdampfärmer als die in tieferen. Niederschlagsmessungen sind im Gebirge aus verschiedenen Gründen sehr schwierig. Man kann aber ungefähr sagen, daß sich die Jahresniederschlagsmengen mit zunehmender Höhe erhöhen. In den einzelnen Gebieten der Alpen gibt es außerdem Unterschiede in der Verteilung der Niederschläge im Jahreslauf. Ökologisch relevant sind außerdem noch die Starkniederschläge, die – wenn sie lange anhalten – zu Bergrutschen, Muren oder Hochwässern führen können. Schließlich ist noch auf den Schneefall einzugehen. Je höher ein Gebiet liegt, desto höher ist auch die Schneedecke und desto länger bleibt der Schnee liegen. Auch dies ist eine grobe Regel, die kleinräumig durchbrochen sein kann. Denn natürlich wird ein exponierter Grat durch starken Wind freigefegt, und natürlich bleibt in tieferen, windgeschützten Lagen hineingewehter hoher Schnee oft lange liegen. Dies alles sind also nur Rahmenbedingungen, an die sich die Pflanzen und Tiere kleinräumig einzustellen haben.

Gliederung der Lebensräume in den Alpen

Betrachtet man nun – ausgehend von der klimatischen Charakterisierung des Alpenraumes – die Verteilung von Tieren und Pflanzen in den Alpen, so stellt man fest, daß sie – ähnlich wie die klimatischen Faktoren – in ihrer vertikalen Verbreitung große Unterschiede aufweisen. Diese Verteilung haben die Botaniker und Ökologen schon lange untersucht, und man kann in etwa folgende Grobgliederung vornehmen, wobei die Vegetation zugrunde gelegt ist.
In den Tieflagen findet man meist Kulturland, aber auch Eichenmischwäl-

der, Kiefernwälder und im Süden Edelkastanienbestände. Man kann diese Zone auch als **Hügellandstufe** bezeichnen. Ihr folgt vertikal die **untere Bergwaldstufe,** die geprägt ist durch Buchenwälder bzw. Wälder, die sich aus Buche, Tanne, Fichte und Bergahorn zusammensetzen. Auch Ackerbau ist in dieser Zone noch möglich. Darüber liegt die **obere Bergwaldstufe** mit vorherrschenden Fichtenwäldern. Auf Rodungsinseln liegen Bergwiesen und Weiden. Diese Stufe erstreckt sich bis in die Höhen, wo nur mehr Bergkiefern und Grünerlen, Alpenrosen und andere Zwergsträucher wachsen. Man bezeichnet diese Zone auch als **Krummholzstufe.** Steigt man noch höher hinauf, dann verdünnen sich Latschen- und Grünerlengebüsche, und es wachsen zunächst noch niedere **Zwergsträucher,** dann nur noch **Rasengesellschaften.** Diese beiden letztgenannten Zonen sind wohl die für den Pflanzenfreund interessantesten, denn hier findet er das Gros der typischen Alpenpflanzen.
Mit weiter zunehmender Höhenlage haben es die Blütenpflanzen immer schwerer, sich zu halten. In die **nivale Stufe** oberhalb der Grenze ewigen Schnees dringen nur ganz wenige Blütenpflanzen vor. (Beispiel: Gletscherhahnenfuß, *Ranunculus galcialis).* Aber Moose, Flechten und Algen kommen auch hier noch vor.
Man findet in der Literatur auch andere Begriffe im Zusammenhang mit dieser vertikalen Zonierung. Die Hügellandstufe wird auch als **kolline Stufe** (oder Zone) bezeichnet, die beiden Bergwaldstufen als **submontane** bzw. **montane Stufe,** die Krummholzstufe zusammen mit der obersten Kampfzone des Bergwaldes als **subalpine Stufe.** Ihr folgen die **alpine** und die **nivale Stufe.**
Aus dieser groben Gliederung wird das Grundsätzliche der Vegetation der Alpen deutlich. Kleinräumig ergeben sich aber oft erstaunliche Abweichungen, wie sie auch in ähnlicher Weise für die klimatischen Faktoren beschrieben wurden. Ein weiterer allgemeingültiger Punkt ist aber noch zu nennen: Die beschriebenen Zonen reichen in den nördlichen Alpen weiter talwärts als in den südlichen Alpen. Auch dies ist auf die unterschiedlichen klimatischen Bedingungen in den genannten Gebieten zurückzuführen. Und schließlich ergeben sich innerhalb eines Gebietes unterschiedliche Bilder, je nachdem ob man Nord- oder Südhänge betrachtet.

Anpassungen bei Pflanzen und Tieren der Alpen

Aus der vertikalen Zonierung der Vegetation in den Alpen geht hervor, daß die Pflanzen in unterschiedlicher Weise an die Lebensbedingungen in einem Lebensraum angepaßt sind. Wären alle Pflanzen in gleicher

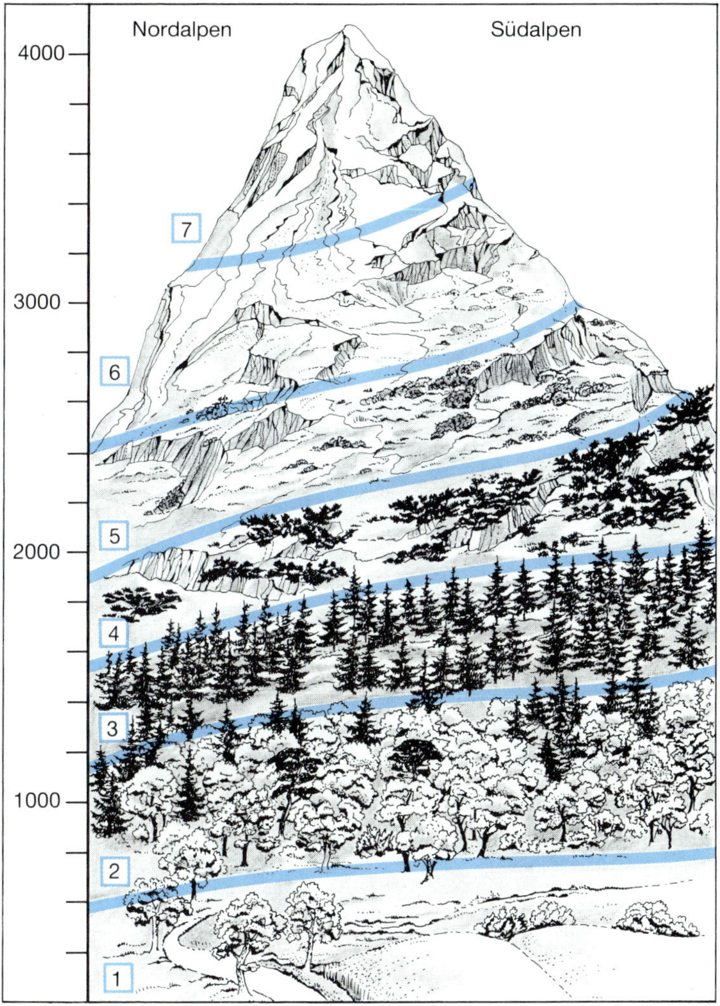

Die Höhenstufen der Alpen

1 Kulturland, 2 unterer Bergwald, 3 oberer Bergwald, 4 Krummholz, 5 Zwergsträucher und Rasen, 6 Polsterpflanzen, 7 ewiger Schnee

Weise an die unterschiedlichsten Bedingungen angepaßt, gäbe es kaum einen Grund, daß nicht auch in 4000 m Höhe beispielsweise noch Tannen wachsen würden. Man kann also davon ausgehen, daß die Lebensbedingungen für die Pflanzen mit zunehmender Höhe immer schwieriger werden, und daß die Arten demzufolge immer raffiniertere Mechanismen der Anpassung besitzen müssen, um hier zu überleben. So können beispielsweise in einer Zone mit starkem Wind und hohem Schnee keine Bäume mehr leben; ihre Kronen würden vom Wind zerfetzt, und die Äste würden unter der Schneelast brechen. Also kommen hier nur noch die Bergkiefer und die Grünerle vor, beides niedrig wachsende Sträucher mit am Boden kriechenden Ästen. **Zwergsträucher** sind noch kleiner; hier findet man fast immer ledrige **widerstandsfähige Blätter.** Unter den krautigen Alpenpflanzen sind viele, die **Polster** bilden oder **rasenartig wachsen.** Am Beispiel des Stengellosen Leimkrautes *(Silene acaulis)* ist darauf näher eingegangen. **Dichte Behaarung** schützt vor Wind und zu hoher Strahlung. Kurz: Wenn man die Pflanzen einmal genauer ansieht, wird man immer wieder auf solche Anpassungen stoßen. Die entsprechenden Gedanken wird man anhand der folgenden Beschreibungen einzelner Arten leicht selbst formulieren können.
Auch die Tiere stellen an ihren Lebensraum bestimmte Ansprüche. Deshalb findet man in den verschiedenen Höhenstufen, die verschiedenen Vegetationsstufen entsprechen, auch verschiedene Tierarten. Betrachtet man nur die Vögel und Säugetiere, so stellen sich in den Höhen vor allem die Probleme des Überlebens im Winter, in der extremsten Jahreszeit. Da ist zum einen die Kälte, gegen die sich ein Tier schützen muß. Die Säugetiere wechseln deshalb ihr Fell. Das dichtere **Winterfell** besitzt mehr und längere Haare, die gegen Kälte wirksam schützen; sie isolieren einfach besser, weil zwischen ihnen mehr Luft eingeschlossen werden kann. Das zweite Problem ist der Nahrungsmangel. Einige Tiere stellen sich darauf so ein, daß sie zu Beginn des Winters **Nahrungsvorräte** anlegen. Andere verschlafen die nahrungsarme Jahreszeit einfach; sie verfallen in **Winterschlaf.** Das dritte Problem ist das der Tarnung. Auf der weißen Schneedecke ist ein dunkles Tier von Freßfeinden leicht zu sehen. Schneehase *(Lepus timidus)* und Alpenschneehuhn *(Lagopus mutus)* tauschen deshalb ihr braunes **Sommerkleid** in ein weißes **Winterkleid** um. Schließlich gibt es aber für die Tiere auch die Möglichkeit, in tiefer gelegene, wärmere, schneeärmere und nahrungsreichere Zonen auszuweichen, und tatsächlich findet man bei verschiedenen Tierarten auch **jahresperiodische Wanderungen.** Tiere haben also nicht nur die verschiedensten Anpassungen entwickelt, sondern können ungünstigen Bedingungen auch räumlich ausweichen.

Die Rolle des Menschen

Lange Zeit waren die Berge dem Menschen etwas Unheimliches, Sitz der Götter, und er wäre nicht im Traum auf die Idee gekommen, etwa eine Bergwanderung zu unternehmen. Natürlich hatten die Menschen früher auch nicht die Ausrüstung, die heutige Bergwanderer oder gar Bergsteiger zur Verfügung haben, aber es war weniger dieser Mangel als vielmehr eine Sache des Denkens und Fühlens, die Berge sich selbst zu überlassen. Das änderte sich, als die ersten Wagemutigen anfingen, die Alpen zu erkunden. Zunächst waren es Wanderungen, dann ging es darum, die Gipfel zu besteigen, zumal ja auch spektakuläre Erfolge und Abenteuer lockten. Als großes Ereignis wurde daher auch gefeiert, als der Mont Blanc erstmals bestiegen wurde. Dann gingen auch mutige Fotografen in die Berge, und sie brachten Bilder mit, die in ganz Europa verbreitet wurden. Es zog immer mehr Menschen an, das alles mit eigenen Augen zu sehen. Ehemals isolierte, verschlafene Bergdörfer wurden aufgesucht und später überflutet von Touristen, die die Alpen erleben wollten. Nach und nach wurden auch entlegenste Gebiete erwandert, erschlossen. Seilbahnen und Zahnradbahnen führten in die Höhen. Paßstraßen wurden gebaut, so daß die Alpen auch verkehrstechnisch kein allzu großes Hindernis mehr darstellten. Später wurden Tunnels – oft von beängstigender Länge – durch die Gebirgsstöcke getrieben, und heute gibt es kaum noch einen Berg, der nicht leicht für jedermann erreichbar wäre. Ein Netz von Wanderwegen und Steigen durchzieht die Alpen abseits der Straßen. Blieben früher die Berge wenigstens noch im Winter sich selbst überlassen, so übernahmen nach und nach die Skifahrer die Kontrolle über die winterlich verschneite Alpenlandschaft. Lifte wurden gebaut und Skihänge angelegt. Das alles hatte Konsequenzen für die Menschen, die seit altersher in den Bergdörfern lebten. Sie sind heute oft das ganze Jahr über eine Minderheit gegenüber den Touristenmassen. Ihre alte soziale Struktur ist zerbrochen. Kurz: Um des Profits willen wurden die Alpen erschlossen, wurde aber auch die Natur, um deretwillen die Menschen hierherkommen, an den Rand des Ruins gebracht. Heute ist die Entwicklung soweit vorangeschritten, daß man ernsthaft Einhalt gebieten muß, will man Reste der ursprünglichen Natur erhalten. Man hat **Pflanzenschutzgebiete** und **Nationalparks** eingerichtet. Man hat in bestimmten Gegenden der Alpen Verbote erlassen, die Wege zu verlassen. Man hat Pflanzen und Tiere unter Schutz gestellt. Aber eine länderübergreifende Konzeption zum Schutz der Alpenlandschaft gibt es bis heute nicht. So haben die Naturschützer – wie so häufig – schlechte Ausgangspositionen und können nur in zäher Kleinarbeit versuchen zu retten, was zu retten ist. Sie haben zu mächtige Interessen gegen sich, um zu durchschlagenden Erfolgen zu kommen.

Hinweise für Bergwanderungen

Wer in die Berge geht, um die Natur zu erleben, sollte sich vor Antritt einer Wanderung einige Gedanken machen. Denn zu oft schon hat Gedankenlosigkeit in den Bergen zu Unglücken, mindestens aber zu vermeidbaren, aufwendigen Rettungsaktionen geführt. Da wäre einmal an die sorgfältige **Planung der Route** zu denken, vorausgesetzt, man hat sich für den Aufenthalt in einem bestimmten Gebiet der Alpen auf Grund von Lektüre oder Empfehlungen bereits entschlossen. Lokale **Wanderführer** und detaillierte **Karten** sind für die meisten Gebiete der Alpen zu haben, und man sollte diese leicht zugänglichen Informationen auch gebührend nutzen. Da werden Hinweise über die Länge und damit die Dauer der Tour gegeben, da wird aber auch gesagt, wie leicht oder schwierig diese oder jene Tour ist. Vielfach wird man auch weitergehende Informationen finden, etwa zur Pflanzen- und Tierwelt, die man in diesem oder jenem Gebiet beobachten kann. Ist man dann in der Planung einer Tour soweit gediehen, daß es losgehen könnte, sollte man sich noch den **Wetterbericht** anhören oder eine **Wetterkarte** ansehen. Den **Barometerstand** zu kontrollieren, bietet sich ebenso an, wie Einheimische, die ihre Berge meist sehr gut kennen, um Rat anzugehen. Ist nun alles bestens durchdacht, wäre noch an die Ausrüstung zu denken, denn daran kann der schönste Plan scheitern. In den Alpen sind vor allem gute **Bergschuhe** notwendig, oft sogar Voraussetzung, um sich in manchem Gelände zu bewegen. Hohe Schuhe schützen Knöchel und Fußgelenke und geben dem ganzen Fuß sicheren Halt. Dazu kommt die kräftige Profilsohle, die etwa auf Schnee oder glattem Gestein unumgänglich ist. Bedenkenswert ist weiter die Kleidung, wobei gar nicht so wichtig ist, daß sie »zünftig«, als vielmehr, daß sie zweckmäßig und gut zusammengestellt ist. Man muß in den Bergen grundsätzlich mit sich schnell änderndem Wetter rechnen. Daher sollte auch bei strahlendem Sonnenschein **warme Kleidung** nicht fehlen. Es hat Unglücksfälle gegeben, wo Menschen im schönsten Sommer bei einem Wettersturz erfroren sind! Zudem sollte man bedenken, daß es in den Höhen oft sehr windig sein kann, und auch gegen die mit Wind verbundene Auskühlung solle man geschützt sein, sprich: **Anorak** oder **Windjacke** sind ein Muß. Ein letzter Faktor sollte noch berücksichtigt werden, und das ist die Strahlung, über die schon gesprochen wurde. Wer empfindliche Augen hat, sollte eine gute **Sonnenbrille** im Gepäck führen. Wer noch nicht an die Sonneneinstrahlung gewöhnt ist, sollte ein **Sonnenschutzöl** dabei haben. Es gibt heute Öle mit unterschiedlichen Sonnenschutzfaktoren, die selbst empfindlichste Haut sicher schützen!

Das alles muß getragen werden, auch wenn man streckenweise eine Seilbahn oder einen Sessellift benutzen wird. Hier empfiehlt sich als einzig sinnvolles Transportbehältnis der **Rucksack.** Es gibt verschiedene Modelle; auch hier wird man in einem einschlägigen Geschäft das Passende finden. In den Rucksack gehört weiter etwas **Proviant.** Der ist nach eigenem Geschmack zusammenzustellen; man achte aber darauf, daß eine reichliche Mahlzeit auch entsprechend viel wiegt. Nicht zu vergessen ist ein Vorrat an Flüssigkeit. Oft gestaltet sich eine Tour recht schweißtreibend, und der Körper verliert entsprechend Flüssigkeit, die ersetzt werden muß, aber in vielen Gebieten der Alpen weder aus einem Bergbach noch in einem Berggasthof ersetzt werden kann! Einen Beutel für den erzeugten Müll dabeizuhaben, sollte eine Selbstverständlichkeit sein. Ja, und dann käme noch die spezielle Ausrüstung für den Naturfreund unter den Bergwanderern hinzu. Wer Säugetiere und Vögel in ihrem hochgelegenen Lebensraum beobachten will, braucht ein **Fernglas.** Ein 8- bis 10-fach vergrößerndes Glas ist zu empfehlen; Dachkantprismenkonstruktionen haben dazu geführt, daß heute solche Gläser klein und leicht gebaut sein können. Für Spezialzwecke ist ein Fernrohr zu empfehlen, das 20- bis 40-fach vergrößern sollte. Allerdings wird dann sinnvollerweise auch ein Stativ nötig, was zusätzliches Gewicht bedeutet. Inwieweit der Naturfreund über diesen Führer hinaus noch das eine oder andere **Bestimmungsbuch** mitnehmen will, hängt von der jeweiligen Intention ab. Der Pflanzenfreund wird sicher eine Flora mitnehmen, die heute auch in handlicher, leichtgewichtiger Ausführung zu haben ist. Dann fehlen natürlich Fotos und farbige Zeichnungen. Der Vogelfreund wird vielleicht nur ein umfangreicheres Vogelbestimmungsbuch mitnehmen, der Insektenfreund etwas Entsprechendes über diese Tiergruppe.

Schließlich sei noch etwas zur Fotografie in den Bergen gesagt, denn unter den Naturfreunden sind immer auch Fotografen. Der Pflanzenfreund wird sich sinnvollerweise mit einer **Spiegelreflexkamera** mit einem 50 mm-Makro-Objektiv ausrüsten, der Tierfreund braucht dagegen eine andere Zusammenstellung. Will man Insekten fotografieren, empfiehlt sich zusätzlich ein Makro-Objektiv in dem Brennweitenbereich 90 mm bis 105 mm. Ein Objektiv dieses Bereichs wäre auch für Amphibien und Reptilien geeignet. Will man auf Säugetiere und Vögel pirschen, dann geht es meist nicht unter Brennweiten zwischen 400 mm und 600 mm ab. Und nun viel Freude in den Bergen!

Rotbuche *Fagus silvatica*

Die Rotbuche nimmt in Deutschland fast die Hälfte der von Laubwäldern bestandenen Flächen ein. Sie ist der wohl bekannteste Laubbaum Mitteleuropas. Darüber hinaus ist die Art im Norden der Iberischen Halbinsel, in Südengland und in Südskandinavien verbreitet, auf der Apennin-Halbinsel und in großen Teilen des Balkans. Die Rotbuche verträgt kein kontinentales Klima mit heißen, trockenen Sommern und sehr kalten Wintern. Daher dehnt sich ihr Verbreitungsgebiet nicht sehr weit nach Osten aus. Sie kommt sowohl in der Ebene vor wie auch in Lagen bis um 1500 m Höhe. In den Bergwäldern findet man den Baum oft in Vergesellschaftung mit Fichte *(Picea abies)* und Tanne *(Abies alba).*
Rotbuchen werden 30 bis 40 m hoch. Typisches Kennzeichen ist die kuppelförmige Baumkrone; man sieht dies aber nur bei alten Exemplaren im Freistand. Stehen die Bäume im Waldesinnern, dann haben sie bis in 20 m Höhe kaum Äste. Kennzeichnend für die Buche ist weiter die graue, glatte Rinde. Die elliptischen Blätter haben 5 bis 9 deutlich erkennbare Nervenpaare. Ihr Rand ist flaumig behaart. Wenn der Baum im Schatten steht, sind die Blätter dünnhäutiger und heller grün gefärbt als wenn er frei oder an einem Waldrand wächst. Die intensivere Einstrahlung führt hier zu derberen, dunkelgrün gefärbten Blättern.
Die Blüten der Rotbuche sind sehr unscheinbar. Die männlichen Kätzchenblüten stehen in Büscheln zusammengefaßt an den Enden langer Stiele. Die weiblichen Blüten stehen in den obersten Blattachseln. Als windblütige Pflanzen können Rotbuchen auf den auffälligen Schauapparat verzichten, wie ihn viele andere Blütenpflanzen aufweisen, die auf die Bestäubung durch Insekten angewiesen sind.

Bergahorn *Acer pseudo-platanus*

Der Bergahorn braucht feuchten, nährstoffreichen Boden, der in den obersten Schichten humusreich sein sollte. Da der 15 bis 30 m hohe Baum an das Licht und die Wärme nur mäßige Ansprüche stellt, finden wir ihn vor allem in Schluchtwäldern und in feuchten Hangmischwäldern. Bisweilen findet man diese Ahornart auch in Auwäldern. Mittelgebirgslagen sind deutlich bevorzugt, doch wächst der Bergahorn auch im Hochgebirge bis zur Laubwaldgrenze.
Typisch sind die großen fünflappigen Blätter und die bis zu 15 cm langen Blütentrauben, die sich im Laufe des Sommers zu den bekannten Früchten weiterentwickeln. Die beiden Flügel der Früchte stehen bei dieser Ahornart annähernd rechtwinklich zueinander.

Eberesche, Vogelbeere *Sorbus aucuparia*

Die Eberesche ist in Mitteleuropa weit verbreitet. Sie wächst in Laub- und Nadelwaldbeständen, meist auf nicht zu trockenen und eher nährstoffarmen Böden. Auf Grund ihrer nicht sehr hohen Standortansprüche gedeiht die Eberesche auch auf Mooren, in Bruchwäldern und auf mageren Wiesenhängen. Sie ist von der Ebene bis ins Hochgebirge anzutreffen. In den Alpen findet man den Baum bis in etwa 2000 m Höhe.
Die Blätter der Eberesche könnte man vielleicht mit denen der Esche *(Fraxinus excelsior)* verwechseln. Die Blätter beider Baumarten sind unpaarig gefiedert. Ebereschenblätter sind aber stärker gesägt und gezähnt als Eschenblätter. Bei der Eberesche sitzen sie außerdem wechselständig an den Zweigen. Der Baum wird bis zu 15 m hoch. Sein Stamm ist grau-schwarz gefärbt. Ebereschen blühen im Mai/Juni. Die Blütenstände – Trugdolden von etwa 15 cm Durchmesser mit zahlreichen weißlich-gelben Einzelblüten – sind ein eindeutiges Kennzeichen. Bekannter sind aber die Vogelbeeren, die Früchte des Baumes. Diese werden von verschiedenen Vogelarten gerne gefressen. Die Vögel verdauen aber nur das Fruchtfleisch. Die Samen passieren den Vogeldarm unversehrt und werden an oft weit entfernter Stelle wieder ausgeschieden. Auf diese Weise tragen Vögel dazu bei, für die Ausbreitung der Art zu sorgen.

Grünerle *Alnus viridis*

Die Grünerle – ein 2 bis 4 m hohes strauchartig wachsendes Laubholz – verträgt hohe Bodenfeuchtigkeit. Daneben stellt sie an den Standort den Anspruch kalkarmen, aber nicht zu sauren Untergrundes, der zudem nährstoffreich sein sollte. Das Klima am Wuchsort sollte regenreich und kühl sein. Aus dieser Beschreibung wird schon ersichtlich, daß der Strauch auch in den Alpen vorkommen wird. Und tatsächlich findet man ihn zwar zerstreut, dann aber oft bestandsbildend bis in etwa 2000 m Höhe. Die Grünerle trifft man im Krummholzgürtel an, aber auch auf Weiden, an Bachrändern und auf Lawinenhängen. Als Flachwurzler trägt sie dazu bei, Schnee- und Erdrutsche zu verhindern.
Die Rinde dieser Erlenart ist grauschwarz gefärbt. Junge Zweige sind hellgrün, oft rötlich überlaufen. Die wechselständig angeordneten Blätter sind eiförmig bis elliptisch; ihr Rand ist doppelt gesägt. Junge Blätter sind klebrig. Die Blätter werden 4 bis 6 cm lang. Die Blüten stehen in eingeschlechtigen Kätzchen. Sie stehen an diesjährigen Trieben und erscheinen mit den Blättern.

Lärche *Larix decidua*

Es ist für einen Nadelbaum durchaus nicht die Regel, daß er seine Nadeln das ganze Jahr über trägt. Die Lärche ist ein solcher nur sommergrüner Nadelbaum. Sie wird etwa 40 m hoch, und ein Lärchenwald bietet ein optisch ungemein reizvolles Schauspiel, wenn sich die Nadeln im Herbst gelb verfärben. Typisch ist, daß die weichen, etwa 4 cm langen Nadeln an den Kurztrieben büschelig stehen. Die Rinde ist anfangs grünlich-bräunlich gefärbt und glatt, bei älteren Exemplaren grau oder braun, und sie zeigt dann mehr oder weniger tiefe Längsrisse. Lärchen sind einhäusige Bäume; sie blühen etwa alle 3 bis 5 Jahre. Die Blütezeit liegt zwischen April und Juni. Typisch für die Lärche sind die rundlichen Zapfen, die einen Durchmesser von 2 bis 3 cm haben. Ursprünglich kam die Lärche nur in den Alpen, den Sudeten und den Karpaten vor, und in diesen Gebirgszügen in Lagen zwischen 1000 und 3000 m. Aber ihr Verbreitungsbild ist wie das anderer Baumarten durch forstwirtschaftliche Maßnahmen verfälscht worden. Der raschwüchsige Baum liefert sehr hartes und geschätztes Nutzholz.

Weißtanne *Abies alba*

Die Tanne ist – wie die Fichte *(Picea abies),* mit der sie oft verwechselt wird – ein immergrüner Nadelbaum. Sie wird bis zu 60 m hoch und ist der größte einheimische Nadelbaum überhaupt. Tannen haben etwas andere Standortansprüche als Fichten; sie brauchen kühlen, etwas feuchten und nährstoffreichen Boden, der aber tiefgründig sein sollte. Von der Fichte kann man die Tanne leicht an den Nadeln unterscheiden: Sie stehen bei der Tanne zweizeilig vom Zweig ab, sind flachgedrückt, nicht zugespitzt und tragen auf ihrer Unterseite zwei charakteristische, helle Wachsstreifen. Ihre Zapfen stehen auf den Zweigen. Die Schuppen fallen einzeln ab, so daß auf dem Zweig die Zapfenspindel zurückbleibt. Die »Tannenzapfen«, die man am Waldboden findet, sind also stets die Zapfen der Fichte! Tannen kommen in Wäldern entweder bestandsbildend vor oder aber vermischt mit anderen Bäumen, etwa Buchen, Kiefern und Fichten. Höhenlagen zwischen 400 m und 900 m werden bevorzugt, doch kommt die Tanne in den Alpen bis in etwa 1600 m Höhe vor. Tannenbestände bieten heutzutage oft ein trauriges Bild. Die Bäume werden durch die Verunreinigungen der Luft besonders stark geschädigt. Auf das vielzitierte Waldsterben wurde man zuerst durch kränkelnde Tannen aufmerksam.

Fichte, Rottanne *Picea abies*

Der wohl bekannteste Nadelbaum Mitteleuropas ist die Fichte. Ihre ursprünglichen Verbreitungsgebiete liegen im Norden und in den Mittel- und Hochgebirgen. Da sich die Waldbesitzer vom Anpflanzen der raschwüchsigen Baumart schnelles Geld versprechen, werden Fichten heute auch in vielen anderen Gegenden angepflanzt. Fichten werden 30 bis 50 m hoch. Auffällig ist die spitzkegelige Form der Krone und die rotbraune Rinde (daher Rottanne!). Bei älteren Bäumen kann die Rinde auch grau sein. Dies wird man besonders in den Gebirgslagen beobachten können. Die 2 cm langen Nadeln stehen allseitig um den Zweig herum; sie sind meist nach vorne gerichtet. Ihr Querschnitt ist viereckig; vorne sind die Nadeln zugespitzt. Bei der Fichte hängen die Zapfen an den Zweigen (Abb. oben rechts) und fallen als Ganzes ab. Die Bäume sind Flachwurzler und daher durch Windbruch stark gefährdet; häufig sieht man die »Wurzelteller« umgestürzter Fichten.

Zirbelkiefer, Arve *Pinus cembra* (Abb. unten links)

Die Zirbelkiefer ist ein Gebirgsbaum, und dementsprechend beschränkt sich ihre Verbreitung auf die Alpen und die Karpaten, wo sie in Höhenlagen zwischen 1200 und 2000 m gedeiht. In der nördlichen Sowjetunion kommt sie aber auch in ebenen Lagen vor. Der Nadelbaum wird 10 bis 25 m hoch. Die Krone ist von den in den Höhen oft heftigen Winden meist unregelmäßig geformt. Die Rinde ist bei jüngeren Bäumen graugrün gefärbt und glatt, bei älteren Bäumen mehr braun und rissig. Die Nadeln – und das ist ein wichtiges Kennzeichen – stehen zu 5 gebüschelt. Sie werden 5 bis 8 cm lang. Die eiförmigen Zapfen werden 6 bis 8 cm lang. Junge Zapfen sind violett, ältere zimtbraun gefärbt.

Bergkiefer, Latsche *Pinus mugo* (Abb. unten rechts)

Die Bergkiefer kommt neben dem Alpenraum auch in den Pyrenäen, den Abruzzen, den Karpaten und auf dem Balkan vor. Der Nadelbaum ist unverkennbar: Meist werden nur niederliegende Gebüsche gebildet, die maximal 3,50 m hoch werden. Häufig findet man größere Flächen von der Kiefer bedeckt. Junge Zweige sind grünlich gefärbt, ältere braun. Die 3 bis 8 cm langen frischgrünen Nadeln stehen in Paaren gebündelt. Der Strauch blüht im Juni/Juli. Die Zapfen werden 2 bis 5 cm lang; sie stehen zu zweit oder zu dritt zusammen. Die Bergkiefer stellt in den Alpen ein Eiszeitrelikt dar und ist geschützt.

Netzweide *Salix reticulata* (Abb. oben links)

Neben Bäumen und Büschen gibt es eine weitere Gruppe von Pflanzen mit verholztem Sproß, die nicht einmal höher als 50 cm werden. Entsprechend nahe dem Erdboden liegen die Erneuerungsknospen, so daß die Pflanzen in schneereichen Gebieten durch die schlecht wärmeleitende Schneedecke gut geschützt sind und so überdauern können. Solche Pflanzen nennt man Zwergsträucher. Zu diesem Typ gehören besonders viele Holzpflanzen der nordischen Tundren und der Hochgebirge. Die Zwergsträucher bilden oft die gesamte Region bestimmende Bestände, so daß man für die Pflanzengemeinschaft den Begriff Zwergstrauchheide geprägt hat. Die Zwergstrauchheiden beherrschen in den Alpen das Bild oberhalb der Latschenregion. Die Netzweide ist so ein typischer Zwergstrauch der Alpen. Die Äste kriechen am Boden entlang und bilden überall Wurzeln. Die Blätter sind lang gestielt und von rundlich-eiförmiger Gestalt. Sie werden 3 cm lang und 2 cm breit. Unterseits sind sie weißlich-blaugrün, oberseits dunkelgrün gefärbt. Besonders auffällig ist die stark hervortretende Blattnervatur (Netzweide!). Die Pflanze kommt in Höhen zwischen 1700 und 2300 m vor. Dementsprechend ist sie oft 7 bis 8 Monate im Jahr von Schnee bedeckt. Die Weide blüht im Juli/August. Die langgestielten Kätzchen sind rötlich gefärbt.

Alpenazalee *Loiseleuria procumbens* (Abb. oben rechts)

Ein weiterer für die Alpen typischer Zwergstrauch ist die Alpenazalee, deren Zweige entweder direkt dem Boden aufliegen oder sich maximal bis zu 40 cm über den Boden erheben. Die nur 5 bis 7 mm langen, ledrigen Blätter mit den eingerollten Rändern sind an den Zweigen gegenständig oder dreiquirlig angeordnet. Die Azalee blüht im Juni/Juli. An den Zweigenden stehen je 2 bis 5 glockige, rötliche Blüten. Die Pflanze wächst in Höhen zwischen etwa 1800 und 2400 m.

Gestreifter Seidelbast, Steinröschen *Daphne striata*

Im Bergkiefergebüsch, aber auch in offenen Steinrasen kann man diesen Verwandten des Gemeinen Seidelbastes *(D. mezereum)* antreffen. Er besiedelt Höhenlagen zwischen 1700 und 2500 m. Der 5 bis 15 cm hohe Zwergstrauch blüht im Juni/Juli. An den Zweigenden stehen dann zu 8 bis 12 gebüschelt die hellrosa gefärbten, fein gestreiften, kurzgestielten Blüten. Die linealisch-keilförmigen Blätter stehen an den Zweigenden ebenfalls büschelig gehäuft.

Rostblättrige Alpenrose *Rhododendron ferrugineum*

Die beiden auf dieser Seite vorgestellten Alpenrosenarten sind für die Alpen etwas ganz Typisches. Sie kommen zwar nicht überall vor, treten dann aber meist in größeren Beständen auf. Oft sind ganze Hänge zur Blütezeit rötlich überzogen. Die beiden Arten sehen einander ähnlich, und man kann sie sicher leicht verwechseln. Grundsätzlich schließen sie sich aber von ihrer Verbreitung her annähernd aus. Die Rostblättrige Alpenrose ist nämlich mehr auf kalkarmen, eher feuchten und humosen Böden zu finden, die Behaarte Alpenrose eher auf kalkhaltigem, trockenem, steinigem Untergrund. Man kann also grob sagen, die Rostblättrige Alpenrose kommt eher in den Zentralalpen vor, die Behaarte Alpenrose eher in den nördlichen und südlichen Kalkalpen.
Die Rostblättrige Alpenrose wird 0,70 bis 1,50 m hoch. Die verholzten Zweige tragen die ledrigen, immergrünen Blätter. Sie sind auf der Oberseite dunkelgrün gefärbt, auf der Unterseite rostbraun. Die Blattränder sind eingerollt und tragen keine Wimpern, wie es bei der Behaarten Alpenrose der Fall ist. Je nach Höhenlage – die Pflanze kommt in Höhen zwischen 1400 und 2400 m vor – blühen die Rostblättrigen Alpenrosen in der Zeit zwischen Juni und August. Man findet die Pflanzen häufig als Unterwuchs in Zirbelkiefer- und Latschenbeständen, aber auch vergesellschaftet mit Heidelbeere *(Vaccinium myrtillus)*, Preiselbeere *(Vaccinium vitis-idaea)* und Krähenbeere *(Empetrum nigrum)*.

Bewimperte Alpenrose *Rhododendron hirsutum*

Wie die Rostblättrige Alpenrose besitzt auch die Bewimperte Alpenrose immergrüne Blätter. Diese sind jedoch auf der Oberseite und der Unterseite grün gefärbt. Zudem tragen sie am Rand einen Besatz von langen Wimpern. Die Blüten sind rosa bis hellrot gefärbt und stehen in dichten Doldentrauben. Ein Kennzeichen, das beide Arten unterscheidet, ist weiter die Form der Kelchblätter. Sie sind bei der Rostblättrigen Alpenrose breit-eiförmig, bei der Bewimperten Alpenrose länglich-lanzettlich. Auch letztere Art blüht in der Zeit zwischen Juni und August. In den Alpen kommt dieser 0,50 bis 1 m hohe Strauch in Höhen bis etwa 2500 m vor. Auch er kommt zerstreut, dann aber gesellig wachsend im Gebiet vor. Sein Lebensraum sind lichte Kiefernbestände und Latschengebüsche auf mäßig trockenen, meist kalkhaltigen Steinböden. In Oberbayern wird die Art häufig Almrausch genannt.

Schneeheide *Erica carnea* (Abb. oben links)

Ein schon zeitig im Frühjahr blühender Zwergstrauch ist die Schneeheide. Zwischen Februar und April öffnen sich die rötlichen, in einer einseitswendigen Traube zusammengefaßten Blüten. Auffällig sind die langen dunkelbraunen Staubblätter, die aus der Krone herausragen. Die Schneeheide wird 15 bis 30 cm hoch. In den Alpen kommt der immergrüne kleine Strauch bis in Höhen um 2400 m vor. Sein Lebensraum sind Geröll- und Felshalden, Latschenbestände und lichte Bergwälder.

Schwarze Krähenbeere *Empetrum nigrum* (Abb. oben rechts)

Der reich verästelte, weithin am Boden kriechende und teppichartig wachsende Zwergstrauch trägt an den Astenden zahlreiche aufsteigende Zweige, die flaumig behaart und dicht beblättert sind. Die glänzenden, nadelförmigen Blätter werden nur etwa 5 mm lang und 1 mm breit; auf der Unterseite besitzen sie eine tiefe Längsfurche. Die Blätter sind wechselständig angeordnet; manchmal stehen sie auch in Scheinquirlen. Sie sind immergrün. An den Enden der Zweige sitzen gehäuft die unscheinbaren Blüten. Sie stehen meist einzeln, selten auch zu zweien oder dreien zusammen. Die Kronblätter sind etwa doppelt so lang wie die Kelchblätter. Sie sind blaßrot bis purpurfarben, selten auch weiß, und werden von den purpurnen Staubblättern um einiges überragt. Je nachdem ob die Blüten eingeschlechtig oder zwittrig angelegt werden, unterscheiden die Botaniker die beiden Unterarten *E. nigrum nigrum* und *E. nigrum hermaphroditum.* Die Krähenbeere blüht im April/Mai. Auffällig sind die großen, kugeligen, schwarz glänzenden Früchte, deren Samen von Vögeln verbreitet werden. In den Alpen übernehmen häufig Schneehühner diese Funktion. Die Krähenbeere ist zirkumpolar verbreitet. In den Alpen kommt sie in Höhen zwischen 1600 und 2100 m vor. Sie wächst in Kiefernmooren, Zwischenmooren und in Zwergstrauchheiden.

Echte Bärentraube *Arctostaphylos uva-ursi*

Die immergrüne Echte Bärentraube wird 20 bis 60 cm hoch. Ihre kahlen, ledrigen Blätter sind glänzend grün gefärbt und ganzrandig. Zwischen März und Juli fallen die kleinen, überhängenden Trauben aus weißen oder leicht rötlichen Blüten auf, später dann die roten Früchte. In den Alpen kommt der Zwergstrauch bis in Höhen um 2000 m vor. Die nahe verwandte Alpen-Bärentraube *(A. alpina)* ist nur sommergrün; die Blätter verfärben sich im Herbst rötlich. Ihre Früchte werden zuletzt schwarz.

Trollblume *Trollius europaeus*

Die Trollblume gehört zur Familie der Hahnenfußgewächse *(Ranunculaceae)*. Und tatsächlich sieht die Pflanze auf den ersten Blick sozusagen einem großen, üppig gewachsenen Scharfen Hahnenfuß *(Ranunculus acer)* ähnlich, der in den Fettwiesen der Tieflagen oft ganze Flächen gelb färbt. Die Trollblume wird 10 bis 50 cm hoch. Die Blätter sind handförmig geteilt und auf der Oberseite dunkler grün gefärbt als auf der Unterseite. Die grundständigen Blätter haben lange Stiele, die höher stehenden sitzen dem Stengel unmittelbar an. Besonders auffällig sind die großen Blüten. 5 bis 15 Blütenblätter schließen sich zu einer goldgelben Kugel zusammen. Die Staubblätter sind in diese Kugel eingeschlossen. Im Mai/Juni stehen die Trollblumen in voller Blüte. Dann sind feuchte Wiesen, Quellsümpfe und moorige Stellen mancherorts gelb überzogen. Die Pflanze kommt nämlich stets gesellig wachsend vor. Sie ist aber nicht überall zu finden und steht heute unter Naturschutz, um ihre Bestände einigermaßen zu erhalten. Trollblumen sind in den Alpen bis in 2400 m Höhe zu finden. Vergleicht man Pflanzen aus der Höhe mit denen aus dem Alpenvorland, so wird man feststellen, daß die tiefer wachsenden Exemplare wesentlich stattlicher sind als die der Hochlagen.

Christrose *Helleborus niger*

Die Christrose ist wie die Trollblume ein Hahnenfußgewächs. Sie besitzt einen ausdauernden Wurzelstock, dessen schwarzbraune Außenhaut der Pflanze ihren wissenschaftlichen Artnamen eingetragen hat. Innen ist der Wurzelstock weiß gefärbt. Aus dem Wurzelstock wachsen die auffälligen, sieben- bis neunfach geteilten Grundblätter hervor. Die Blätter sind lang gestielt, ledrig, und sie überwintern. Schon sehr zeitig im Vorfrühling blühen die Christrosen, in der Zeit zwischen Februar und April. Bei günstiger Witterung fangen sie auch schon im Januar an zu blühen. Oft liegt dann noch Schnee, und die Pflanze wird deshalb auch Schneerose genannt. Die großen weißen Blüten mit den 5 Kronblättern und den vielen gelben Staubblättern sind kaum zu verwechseln. Sie stehen an den Enden bis zu 30 cm langer Stiele, die mit einigen verkümmerten, schuppenartigen Hochblättern besetzt sind. Christrosen begegnet man in lichten Bergwäldern, in Buchenmischwäldern, aber auch in Kiefernwäldern. Frische, nährstoffreiche, kalkhaltige Böden werden besiedelt. In den Alpen kommt die Pflanze bis in 1600 m Höhe vor.

Blauer Eisenhut *Aconitum napellus*

Der Blaue Eisenhut ist eine stattliche, 0,50 bis 1,50 m hoch wachsende Staude. Aus einem kräftigen Wurzelstock mit anhängenden Knollen treiben die Stengel aus. Die Blätter sind meist bis zum Blattgrund geteilt; die Abschnitte sind schmal-lanzettlich geformt. Die Blätter sind auf der Oberseite dunkelgrün, auf der Unterseite lichtgrün gefärbt. Attraktiv ist der lange Blütenstand. In einer einfachen oder leicht verästelten Traube stehen die vielen blauen Blüten zusammen. Der Bau der Blüten weicht von dem anderer Hahnenfußgewächse ab. Die Einzelblüte ist nämlich zweiseitig-symmetrisch gebaut. Das obere Blütenblatt ist helmförmig gewölbt. Der Helm ist breiter als hoch. Die Staubblätter sind meist behaart. Auch die Blütenstiele sind häufig flaumig behaart. Der Blaue Eisenhut blüht zwischen Juni und August. Die Pflanze wächst vor allem in Hochstaudenfluren, an Bachrändern, in Quellfluren und in Lägerfluren, aber auch auf gut gedüngten Almwiesen. Sie ist ein Feuchte- und Nährstoffzeiger. In den Alpen ist der Blaue Eisenhut bis in 2300 m Höhe anzutreffen. Er kommt aber auch in höheren Lagen der Mittelgebirge vor.
Von den blau blühenden *Aconitum*-Arten kommen in den Alpen weiter vor der Gescheckte Eisenhut *(A. variegatum)* und der Rispige Eisenhut *(A. paniculatum)*. Leichter zu erkennen ist der Gelbe Eisenhut *(A. vulparia)*. Diese Art besitzt handförmig geteilte Blätter mit breiten Abschnitten. Das bessere Kennzeichen sind aber die gelben Blüten mit dem schlanken, hohen Helm. Auch diese Pflanze wird 0,50 bis 1,50 m hoch und blüht zwischen Juni und August. In den Alpen kommt sie bis in 2100 m Höhe vor. Sie wächst an ähnlichen Stellen wie der Blaue Eisenhut.

Alpenwaldrebe *Clematis alpina*

Die Alpenwaldrebe ist insofern eine bemerkenswerte Pflanze, als sie einen in der heimischen Flora sonst kaum noch vorkommenden Wuchstyp darstellt. Sie ist nämlich eine Liane, eine Schlingpflanze, die an anderen Pflanzen, meist Büschen oder Bäumen, emporklettert. In Auwäldern, auf Waldlichtungen und an Waldrändern findet man von der Ebene bis in Lagen um 1400 m Höhe die Gewöhnliche Waldrebe *(C. vitalba)*. Diese Art hat weiße Blüten. Die Alpenwaldrebe findet man bis in Höhen um 2000 m. Ihre Blüten sind hellblau bis violett gefärbt. Sie hängen an langen Stielen. Die Pflanze blüht zwischen Mai und Juli. Sie wird 1 bis 2 m hoch; der Stengel verholzt, was ungewöhnlich für ein Hahnenfußgewächs ist. Die gegenständigen Blätter sind doppelt dreigeteilt.

Alpenanemone *Anemone alpina* (Abb. oben links)
Schwefelanemone *Anemone sulphurea* (Abb. oben rechts)

Mit der systematischen Einordnung der beiden Pflanzen haben die Botaniker bisher ihre Mühe gehabt. Man findet in den verschiedenen Bestimmungsbüchern daher auch verschiedene Namen. Mal tauchen beide in der Gattung *Anemone* auf, bald in der Gattung *Pulsatilla.* Und um es vollends kompliziert zu machen, werden die beiden Pflanzen auch nicht immer als eigenständige Arten angesehen, sondern die Schwefelanemone wird vielfach als Unterart der Alpenanemone aufgefaßt. Beide Anemonen werden 15 bis 30 cm hoch. Auffällig sind die großen weißen bzw. schwefelgelben Blüten. Sie haben einen Durchmesser von 3,5 bis 5,5 cm. In der Mitte des aus 6 Blütenblättern zusammengesetzten Perigons stehen die vielen gelben Staubblätter. Beide Pflanzen trifft man zwischen Juni und August blühend an. Die Blüten haben anfangs eine Glockenform, später in voll erblühtem Zustand stehen die Kronblätter ausgebreitet. Die doppelt dreiteiligen Laubblätter der Anemonen sind weniger auffällig. Während der Blütezeit sieht man meist nur die eine Art Hülle bildenden Hochblätter unterhalb der Blüten. Die Grundblätter erscheinen erst, wenn die Pflanze verblüht ist. Nach der Blütezeit wächst die Pflanze oft zu einer Höhe von 40 cm heran. Die Griffel verlängern sich ebenfalls, und man kann jetzt die Früchte mit den langen, behaarten Anhängen beobachten. Dem Wind, der für deren Verbreitung sorgt, wird so eine große Angriffsfläche geboten. Die Alpenanemone kommt in den Bergen ziemlich häufig vor, und zwar in steinigen Wiesen, auf rasigen Hängen und auf Felsbändern. Stets wächst sie auf kalkhaltigem Untergrund. Sie kommt in Höhen zwischen 1500 und 2200 m vor. Demgegenüber wächst die Schwefelanemone auf kalkarmen, sauren Böden. Trokkene Magerwiesen, magere Almen und Zwergstrauchbestände sind die Stellen, wo man nach ihr suchen kann. Die beiden Arten vertreten sich also gegenseitig, je nach dem Gestein, das den Untergrund bildet.

Alpenhahnenfuß *Ranunculus alpestris*

Stellvertretend für die verschiedenen in den Bergen vorkommenden Hahnenfußarten wird hier nur der Alpenhahnenfuß vorgestellt. Auffälliges Kennzeichen sind die kleinen, glänzenden, drei- bis fünfteiligen Blätter. Am Ende der bis 20 cm hohen Stengel stehen die großen weißen Blüten. Die Pflanze wächst in Höhen zwischen 1600 bis 2600 m. Schneetälchen, überrieselte Felsen und Kare werden besiedelt.

Alpenmohn *Papaver rhaeticum*

Der Alpenmohn bildet zusammen mit anderen Arten – etwa dem allbekannten Klatschmohn *(P. rhoeas)* – und Gattungen die Familie der Mohngewächse *(Papaveraceae).* Wichtigstes Merkmal der Mohn-Arten, das auch zur Bestimmung herangezogen wird, ist die Samenkapsel, die in der Blüte bereits erkennbar ist, aber erst nach der Bestäubung zur vollen Größe und typischen Gestalt heranwächst. Die trockene Kapsel wirkt als Streubüchse, und der Wind kann die winzigen Mohnsamen eine Strecke weit verfrachten. Während aber die anderen Mohn-Arten fast nur auf Getreidefeldern und Ödlandflächen zu finden sind, ist der Alpenmohn eine typische Alpenpflanze. Er kommt nur in diesem beschränkten Gebiet vor. Steinschuttfluren zwischen 1850 und rund 3000 m werden besiedelt. Die Pflanze wird 5 bis 15 cm hoch. Die stark zerteilten, fiedrigen Blätter sind lebhaft grün gefärbt. An der Spitze des blattlosen, steif behaarten Stengels sitzen die großen goldgelben Blüten, die sich im Juli/August öffnen. Interessant ist die folgende Überlegung: Wie ist es möglich, daß sich eine Pflanze in so einem bewegten Terrain wie einer Schutthalde halten kann? An diese Bedingungen ist der Alpenmohn nun in besonderer Weise angepaßt. Einmal verankert er sich mit einer kräftigen Pfahlwurzel im Untergrund. Es gelingt ihm damit sogar, das Gestein am Wuchsort zum Halten zu bringen. Von diesem Wurzelstock aus ziehen einzelne Wurzeln hangaufwärts, um die Pflanze zusätzlich zu sichern. Von diesen wiederum zweigen weitere Wurzeln ab, die sich durch die unter dem Geröll angesammelte feine Erde ziehen. Ihr entnehmen sie das für das Wachstum der Pflanze nötige Wasser und die ebenfalls notwendigen Nährsalze.

Immergrünes Felsenblümchen *Draba aizoides*

Diese Pflanze gehört zur Familie der Kreuzblütler *(Brassicaceae).* Kennzeichnend für diese Pflanzenfamilie ist der Blütenbau: Je 4 Kelch- und Kronblätter stehen über Kreuz. Von den 6 Staubblättern sind die beiden äußeren kürzer als die 4 inneren. Die Früchte springen bei der Reife mit 2 Klappen auf. Diese Früchte nennt man Schoten; wenn sie höchstens dreimal so lang wie breit oder kürzer sind, Schötchen. Das Felsenblümchen blüht in der Zeit zwischen April und August. An seinen gelben Blütendolden kann man gut den Bau einer Kreuzblüte studieren. Die Pflanze wächst in dichten Rasen auf Felsbändern, auf ruhendem Geröll oder in steinigen Hängen. Sie kommt bis in 2500 m Höhe vor. Die Pflanze wird 3 bis 10 cm hoch und ist immergrün.

Traubensteinbrech *Saxifraga paniculata (=S. aizoon)*

Die Familie der Steinbrechgewächse *(Saxifragaceae)* umfaßt etwa 700 Arten, die auf rund 70 Gattungen verteilt sind. Die meisten Arten kommen in den nördlichen gemäßigten Zonen vor. In der heimischen Flora ist die Gattung *Saxifraga* mit rund 20 Arten vertreten, und fast allen diesen Arten kann man auf Wanderungen in den Alpen begegnen. Im Aussehen und in ihren Standortansprüchen unterscheiden sich die einzelnen Arten sehr stark, und es soll hier nur der Traubensteinbrech näher vorgestellt werden. Die Pflanze wird 10 bis 30 cm hoch. Typisch sind die grundständigen Blattrosetten. Die Blätter sind fleischig-derb. Sie sind zungenförmig und scharf gesägt. Am Blattrand tragen sie außerdem kleine weiße Gruben, in denen Kalk abgeschieden wird. Aus den Rosetten wächst jeweils ein aufrechter Stengel empor. Er ist drüsig behaart und trägt nur wenige Blätter. Im oberen Bereich kommen Verzweigungen vor. Die Blüten stehen zu einer Rispe angeordnet. Sie sind weiß gefärbt; manchmal sind die Kronblätter aber auch rötlich punktiert. Der Traubensteinbrech blüht in der Zeit zwischen Mai und Juli. Die Art ist weit verbreitet und eine der häufigsten Steinbrech-Arten überhaupt. Man findet sie gesellig wachsend in Spalten und Rasen auf sonnigen oder halb beschatteten Felspartien und an ähnlichen Stellen. In den Alpen ist die Pflanze in Höhen zwischen 1200 und 2600 m verbreitet.

Berghauswurz *Sempervivum montanum*

Auf den ersten Blick könnte man meinen, auch die Hauswurz-Arten – 5 Arten kommen in Deutschland vor – gehörten zur Familie der Steinbrechgewächse. Auch sie besitzen nämlich Blattrosetten, ähnlich wie der Traubensteinbrech. Bei genauem Hinsehen findet man aber bald charakteristische Unterschiede. Da sind vor allem die fleischigen Blätter, die Kennzeichen aller Angehörigen der Familie der Dickblattgewächse *(Crassulaceae)* sind. Beim Berghauswurz bilden die auf der Spreite drüsenhaarigen Blätter kugelige geschlossene Rosetten von 1 bis 3 cm Durchmesser. Daraus wächst jeweils 1 Stengel empor, der ebenfalls drüsig behaart ist. Wie Schuppen sitzen ihm fleischige Blätter an. Im Juli/August blüht der Berghauswurz. Die rötlich-violetten Blüten setzen sich aus 10 bis 20 schmalen Kronblättern zusammen, die sternförmig ausgebreitet stehen. Der Berghauswurz wächst auf steinigem Silikatuntergrund in Höhen zwischen 1700 und 3400 m.

Silberwurz *Dryas octopetala*

Die Silberwurz gehört in die Familie der Rosengewächse *(Rosaceae)*. Sie ist eine nur 8 bis 15 cm hohe, immergrüne, rasenbildende Pflanze. Horizontal über den Boden breiten sich verholzte Triebe aus, die sich in Abständen auch bewurzeln. Typisch sind einmal die Blätter, die am Rand gekerbt und auf der Unterseite weißfilzig behaart sind (daher der Name!). Sie fühlen sich ledrig fest an und bleiben – wie gesagt – auch im Winter grün. Von Juni bis August blüht die Silberwurz. An aufrechten Stielen stehen einzeln die großen Blüten. Die Kronblätter – meist 8 – sind weiß gefärbt, Staubblätter und Stempel gelb. Die Blüten erinnern an die der Küchenschellen oder der Alpenanemone. Ähnlich wie bei diesen Pflanzen wachsen auch bei der Silberwurz die Griffel nach der Befruchtung aus. Insgesamt bildet sich ein schopfiger Fruchtstand heraus. Die Silberwurz kommt in Höhen zwischen 1200 und 2600 m vor. Sie besiedelt lückige Kalkmagerrasen, steinige Hänge und loses Geröll.

Bergnelkenwurz *Geum montanum* (Abb. unten links)

Wie die Silberwurz ist auch der Bergnelkenwurz ein Rosengewächs. Die fiederteiligen Blätter bilden eine grundständige Rosette. Die Endfiedern sind deutlich größer als die Seitenfiedern. Dies ist ein wichtiges Unterscheidungsmerkmal zum nahe verwandten Kriechenden Nelkenwurz *(G. reptans)*, bei dem die Blätter fast gleichmäßig gefiedert sind; außerdem besitzt diese Art lange Ausläufer, an denen sich Tochterpflanzen entwickeln. Der Bergnelkenwurz wird 10 bis 30 cm hoch. An den Enden der Stiele sitzen große gelbe Blüten. Die Pflanze blüht zwischen Juni und August in Höhen zwischen 1500 und 2300 m. Nach der Blüte verlängern sich die Griffel, und es bildet sich ein ähnlicher Fruchtstand aus wie bei Küchenschelle und Silberwurz.

Zweiblütiges Veilchen *Viola biflora* (Abb. unten rechts)

Dieses Veilchen kommt ziemlich häufig in staudenreichen Bergwäldern oder in Grauerlen-Auwäldern, in Hochstaudenfluren und in Steinschutt vor. Bis in 2600 m Höhe kann man die Art antreffen. Sie ist insofern leicht zu erkennen, als eine Kombination von herz- bis nierenförmigen Blättern, ganzrandigen Hochblättern und gelben Blüten unter den Veilchen-Arten sonst nicht vorkommt. Das Zweiblütige Veilchen blüht in der Zeit zwischen Mai und Juli.

Alpenmannstreu *Eryngium alpinum*

Auf den ersten Blick hin könnte man diese Pflanze als Distel ansprechen, und sie wäre demnach in die Familie der Korbblütler einzuordnen. Dies trifft aber nicht zu; der Alpenmannstreu gehört zur Familie der Doldenblütler *(Umbelliferae)*, was wiederum erstaunt, denn andere Arten aus dieser Familie haben den typischen Dolden-Blütenstand. Beim Alpenmannstreu ist der Blütenstand dagegen köpfchenartig ausgebildet. Er setzt sich aus einer Vielzahl von amethystblauen Blüten zusammen. In ähnlicher Farbe umhüllen doppelt fiederspaltige Hüllblätter die kolbenförmige Dolde. Die Pflanze blüht in der Zeit zwischen Juli und September. Die langgestielten Grundblätter sind ungeteilt und grob gesägt. Insgesamt wird der Alpenmannstreu 30 bis 40 cm hoch. Er überdauert mit einer rübenähnlichen Grundachse. Die Pflanze kommt auf felsigen Weiden und in Hochstaudenfluren vor, auch in offenem Bergkiefergebüsch. Sie ist aber selten geworden, nachdem ihr – ähnlich wie der Stranddistel *(E. maritimum)* an den Küsten der Nord- und Ostsee – übermäßig nachgestellt worden ist. Die Art steht heute unter Naturschutz!

Stengelloses Leimkraut *Silene acaulis*

Das Stengellose Leimkraut ist eine sehr häufige Alpenpflanze, die man auf Bergwanderungen immer wieder entdecken wird. Es gehört in die Familie der Nelkengewächse *(Caryophyllaceae)*. Typisch für diese Pflanze ist ihr Polsterwuchs. Polster- oder kissenförmiges Wachstum bei den Hochgebirgspflanzen stellt eine Anpassung an den extremen Lebensraum dar. Lange Winter mit viel Schnee, scharfer Frost, extreme Temperaturunterschiede zwischen Tag und Nacht, heftiger Wind und starke Sonneneinstrahlung – das sind die Lebensbedingungen im Hochgebirge, denen eine Pflanze gewachsen sein muß, um zu überleben. Polsterpflanzen bieten weder Wind noch Sonne große Angriffsflächen; die Pflanzen sind also gut geschützt. Die Polster des Stengellosen Leimkrautes kann man in lückigen Steinrasen, in Felsspalten und auf Felsbändern finden. Höhen zwischen 1600 und 2600 m werden besiedelt. Die ledrig-derben Blätter wirken fast nadelartig. Auffälliger sind die Polster, wenn die Pflanze in der Zeit zwischen Juni und August blüht. Dann sind die grünen Polster übersät mit roten Blüten. Die Blütenfarbe kann von rosa bis dunkelrot variieren; auch weiße Exemplare kommen vor. Die Pflanze bildet eine kräftige Pfahlwurzel aus, die tief in den Untergrund eindringt.

Aurikel *Primula auricula*

Aus Wäldern und Wiesen der Tieflagen wird jeder Naturfreund die Hohe Schlüsselblume *(P. elatior)* und die Wiesenschlüsselblume *(P. veris)*, vielleicht auch die Stengellose Schlüsselblume *(P. vulgaris)* kennen. Alle 3 Arten blühen gelb. Aus Quell-, Flach- und Wiesenmooren ist vielleicht noch die Mehlprimel *(P. farinosa)* bekannt. Die Art blüht rosa bis rotviolett. Man kann sie auch in den Alpen finden, und zwar bis in Höhen um 2400 m. Innerhalb der Alpenflora finden wir weiter einige andere Primel-Arten, die z.T. gelb, z.T. aber auch rötlich bis bläulich blühen. Die bekannteste ist sicher das Aurikel. Die Pflanze wird 5 bis 20 cm hoch. Ein auffälliges Kennzeichen ist die grundständige Blattrosette, die sich aus glatten, fleischigen, kahlen Blättern zusammensetzt. Die Blätter sind rundlich bis verkehrt-eiförmig; sie sind ganzrandig oder leicht gezähnt. Sie erscheinen häufig weißlich bestäubt, was im übrigen auch für den Blütenstiel und den Schlund der Blüten gilt. Der Blütenstiel trägt eine Dolde aus 4 bis 12 goldgelben, wohlriechenden Einzelblüten. Ein gutes Bestimmungsmerkmal ist auch der Kelch, der bei dieser Art wesentlich kürzer als die Kronröhre ist. Das Aurikel blüht von April bis Juni. Der Pflanze begegnet man in Steinrasen, in Felsspalten und Klüften im Gestein. Höhen bis 2400 m werden besiedelt. Im Alpenvorland kommt das Aurikel als Eiszeitrelikt auch auf Moorwiesen vor. Die Art ist streng geschützt!

Alpenmannsschild *Androsace alpina*

Eine besonders hübsche Artengruppe innerhalb der Familie der Primelgewächse *(Primulaceae)* ist in der Gattung *Androsace* zusammengefaßt. Es sind allesamt rosetten-, rasen- oder polsterbildende Arten. Das Alpenmannsschild schmiegt sich ganz dem Boden an; es wird nur 1 bis 3 cm hoch. Die Blätter werden meist nicht länger als 7 mm. Die rosafarbenen – manchmal auch weißlichen – Blüten mit dem gelben Schlund stehen einzeln in den Blattachseln. Sie haben einen Durchmesser von 5 bis 6 mm. Insgesamt bietet der Habitus der Pflanze ein Bild, wie es für verschiedenste Alpenpflanzen gilt. Das Alpenmannsschild muß auch in besonderer Weise an die extremen Lebensbedingungen im Hochgebirge angepaßt sein, denn es kommt bis in Höhen um 4200 m vor, ist also eine der wenigen Blütenpflanzen in der nivalen Stufe. Die Pflanze wächst auf Steinschutt oder zwischen Felsen, stets auf saurem, kalkarmem Untergrund.

Alpentroddelblume *Soldanella alpina*

Typische Alpenpflanzen sind die ebenfalls in die Familie der Primelgewächse einzuordnenden *Soldanella-Arten.* In Deutschland kommen 4 Arten vor, die sich einigermaßen gut unterscheiden lassen. Den Typ wird man leicht erkennen; aus einer Blattrosette erhebt sich der Blütenstengel mit den glockigen Blüten. Die Glocken können nur zu etwa einem Drittel eingeschnitten oder gefranst sein; sie können aber auch bis zur Hälfte fransig zerschlitzt sein. In die erste Gruppe gehören die Zwergtroddelblume *(S. pusilla)* und die Winzige Troddelblume *(S. minima).* Beide Arten werden nur 3 bis 10 cm hoch und wachsen vor allem in Schneetälchen. In die zweite Gruppe gehören die Alpentroddelblume und die Bergtroddelblume *(S. montana).* Im Gegensatz zu den beiden vorigen Arten tragen sie meist an jedem Stiel mehrere Blüten. Die Alpentroddelblume wird 5 bis 15 cm hoch. Die rundlichen oder nierenförmigen Blätter der Rosette werden bis zu 3 cm breit. Sie sind meist ganzrandig. An dem unbeblätterten Stiel sitzen 1 bis 3 blauviolette Blüten. Aus den Blütenglocken ragt der Griffel weit hervor. Überrieselte Fluren, Schneetälchen und ähnliche Stellen werden von dieser Art besiedelt. In den Alpen kommt sie in Höhen zwischen 1000 und 2900 m vor. Die Alpentroddelblume blüht in der Zeit zwischen April und Juni. Oft trifft man die Pflanze schon blühend an, wenn um sie herum noch Schnee liegt. Als Relikt aus der Eiszeit kommt diese Art auch auf dem Feldberg im südlichen Schwarzwald vor.

Alpenveilchen *Cyclamen purpurascens*

Das Alpenveilchen ist ebenfalls ein Primelgewächs. Aus einer rundlichen, abgeflachten Knolle wachsen die charakteristischen Blätter hervor. Sie sind herz- oder nierenförmig und auf der hellgrünen Oberseite weißlich-silbrig gefleckt. Die Blattunterseite ist weinrot gefärbt. In der Zeit zwischen Juni und September trifft man die Alpenveilchen blühend an. Zwischen den grundständigen Blättern erheben sich die 5 bis 15 cm hohen Blütenstengel. Die Blüten sind ebenfalls typisch; ihre Kronblätter sind zurückgeschlagen. Sie sind rotviolett gefärbt. Nach der Bestäubung der Blüten rollen sich die Stiele spiralförmig zusammen. Das Alpenveilchen ist zwar nicht sehr häufig, kommt aber meist gesellig wachsend vor. Krautreiche Buchen-Tannen-Wälder, lichte Nadelwälder oder Bergkieferbestände – das sind die Stellen, wo man die Pflanze finden kann. Meist wächst sie auf Kalkboden. Sie kommt bis in Höhen um 1000 m vor, wird aber stellenweise auch höher angetroffen.

Frühlingsenzian *Gentiana verna*

Allgemein kann man die Familie der Enziangewächse *(Gentianaceae)* wie folgt charakterisieren: Es sind Kräuter oder Stauden. Die einfachen Blätter stehen meist gegenständig. Die radiärsymmetrischen Blüten sind meist fünfzählig. Ihr Kelch ist röhren- oder glockenförmig, die Blumenkrone trichter- oder glockenförmig. Die Zahl der Staubblätter entspricht der der Zipfel der Blumenkrone. – In diese Familie ist also die Gattung *Gentiana* einzuordnen, wobei zu bemerken ist, daß fast alle Arten in den Alpen vorkommen. Der Frühlingsenzian wird 2 bis 8 cm hoch; er gehört in die Gruppe der niedrigen, kleinblütigen Arten. Die Blätter sind elliptisch oder oval-lanzettlich; sie werden bis 2 cm lang. Die unteren Blätter, die rosettenartig gehäuft stehen, werden etwas größer als die oberen. Die Stengel tragen nur 1 Blüte, die himmelblau bis tiefblau gefärbt ist. Die Kronblätter sind zu einer engen Röhre verwachsen; die Kronzipfel stehen flach ausgebreitet. Zwischen den Zipfeln werden zweispitzige kleine weiße Anhängsel sichtbar. Der Kelch ist schmal geflügelt. Dieser Enzian blüht bereits im April; man trifft blühende Exemplare aber auch noch im August an. Die mehrjährige Art wächst gesellig in Kalkmagerrasen oder auf Steinfluren. In den Alpen kommt sie bis in 2600 m Höhe vor. Sie ist aber auch in Mittelgebirgslagen verbreitet.

Stengelloser Enzian *Gentiana acaulis*

Der Stengellose Enzian ist wohl die Alpenpflanze überhaupt. Er wird nur 5 bis 10 cm hoch. Die grundständigen Blätter bilden eine Rosette. Sie sind oval-lanzettlich geformt. Die Stengelblätter sind klein und zugespitzt. Dieser Stengel ist nun sehr kurz, und die Pflanze scheint nur aus den großen, blauen Blüten zu bestehen. Die Blüten können etwas unterschiedlich aussehen. Einmal gibt es Blüten, bei denen die Zähne des Kelches so lang wie die halbe Blütenröhre sind oder länger; die Kelchbuchten sind spitz. Dann gibt es Blüten, bei denen die Kelchzähne kürzer als die halbe Blütenröhre sind. Sie sind spatelig geformt und besitzen zwischen sich eine weiße Verbindungshaut. Die Blüten sind außerdem innen grün gefleckt. Diese sehr ähnlichen Typen faßt man bisweilen auch als eigene Arten auf, zumal beide auf unterschiedlichem Untergrund wachsen. Die erste Form wäre nach dieser Auffassung Clusius' Enzian *(G. clusii)*, die zweite Koch's Enzian *(G. kochiana)*. Der erste wächst auf kalkhaltigem Untergrund, der zweite auf kalkarmen, sauren Böden. Beide kommen in den Alpen bis in 2400 m Höhe vor. Sie blühen zwischen Mai und August.

Gelber Enzian *Gentiana lutea*

Innerhalb der Gattung *Gentiana* gibt es erhebliche Unterschiede zwischen den einzelnen Arten. Einige Arten – wie der Frühlingsenzian und der Stengellose Enzian – werden nur wenige Zentimeter hoch. Andere werden immerhin 20 bis 30 cm hoch, und der Gelbe Enzian, der hier vorgestellt wird, wird 0,50 bis 1 m hoch. Er ist damit die größte Enzianart der Alpen. Und herrschen bei den übrigen Enzianarten blaue bis violette Blütenfarben vor, besitzt diese Art gelbe Blüten.

Der Gelbe Enzian überdauert mit einem kräftigen, armdicken Wurzelstock. Aus ihm wächst der fingerdicke, unverzweigte Stengel empor. Er ist innen hohl. Die großen breit-elliptischen Blätter sind blaugrün gefärbt. Sie sind von starken Blattadern durchzogen. Die Blätter im unteren Bereich des Stengels sind kurz gestielt, die im oberen sitzen dem Stengel direkt an. Wichtigstes Merkmal der nichtblühenden Pflanzen ist die Stellung der Blätter; sie sind gegenständig angeordnet, und nicht wechselständig, wie bei dem sonst ähnlich aussehenden Weißen Germer *(Veratrum album).* Am Ende des Stengels und in den Achseln der oberen Stengelblätter öffnen sich im Juli/August die sternförmigen, tief geteilten gelben Blüten. Der Blütenkelch ist einseitig aufgeschlitzt. Insgesamt scheinen die Blüten in Quirlen zu stehen. Der Gelbe Enzian wächst zerstreut, aber meist herdenweise auf steinigen Wiesen, Karfluren und Schutthalden, in Hochstaudenfluren, Grünerlengebüschen und lichten grasreichen Mischwäldern. In den Alpen kommt die Pflanze bis in 2100 m Höhe vor. Der Gelbe Enzian ist heute geschützt. Auch seine Bestände haben sehr unter dem Einfluß des Menschen gelitten. Aus dem Wurzelstock – und den Wurzeln vor allem der verwandten großen Enzianarten, dem Purpurenzian *(G. purpurea),* dem Tüpfelenzian *(G. punctata)* und dem Ungarischen Enzian *(G. pannonica)* – stellte man nämlich Heilmittel her. Die Droge Radix Gentianae fand in Magenmitteln und Tinkturen Verwendung. Fast noch wichtiger aber war die Erzeugung von Schnaps. Aus den zerstampften und vergorenen Wurzelstöcken stellte man klare Schnäpse oder Liköre her. Durch entsprechendes Ausgraben der Wurzelstöcke wurde der Gelbe Enzian – und auch die anderen oben erwähnten Arten – an manchen Stellen vollständig ausgerottet.

Alpenleinkraut *Linaria alpina*

Das Alpenleinkraut ist in die Familie der Rachenblütler *(Scrophulariaceae)* einzuordnen. Die Pflanze wird 8 bis 15 cm hoch. An niederliegenden, am Ende aufsteigenden Stengeln stehen die dicklichen, blaugrünen, kahlen Blätter. Sie sind relativ schmal und in Quirlen zu je vieren angeordnet. Die Blüten sind in einer endständigen, gedrungenen Traube zusammengefaßt. Auf den ersten Blick ähneln sie denen des Löwenmäulchens, das auch in die Familie der Rachenblütler gehört. Die blauvioletten Kronen besitzen einen langen Sporn. Auffällig ist der orangegelb bis ziegelrot gefärbte Gaumenfleck. Die Kelchzipfel sind lanzettlich spitz. Das Alpenleinkraut blüht in der Zeit zwischen Juni und August. Es ist ein typischer Bewohner offener, sonniger Steinschuttfluren, kommt aber auch in Geröllhalden und auf Flußschottern vor. Das bewegliche Material wird immer wieder überwachsen; mit Hilfe ihrer Ausläufer kann sich die Pflanze in diesem ungünstigen Lebensraum halten. In den Alpen trifft man das Leinkraut in Höhen zwischen 1700 und 2600 m an. Entlang der Flüsse kommt es aber auch in tieferen Lagen vor.

Quirlblättriges Läusekraut *Pedicularis verticillata*

Die Gattung *Pedicularis* gehört ebenfalls in die Familie der Rachenblütler. Sie ist mit verschiedenen Arten auch in den Alpen vertreten. Hier soll nur das Quirlblättrige Läusekraut angesprochen werden, eine Art, die recht gut erkennbar ist. Es ist eine ausdauernde, 5 bis 30 cm hohe Pflanze. Aus der Wurzel entspringen mehrere unverzweigte, behaarte Stengel. Daran sitzen zu dreien oder vieren quirlständig angeordnet die tief fiederspaltigen Blätter. Die Blüten sind in einer kopfigen Traube zusammengefaßt. Sie sind purpurrot gefärbt. Die Oberlippe ist im Gegensatz zu anderen Arten nicht geschnäbelt, sondern abgerundet. Der aufgeblasene Kelch ist rauh behaart und weist kurze Zähne auf. Die Blüten werden 1,5 bis 2 cm lang. Das Läusekraut blüht von Juni bis August. Interessant bei den Läusekraut-Arten ist, daß sie sämtlich Halbschmarotzer sind. Mit ihren Saugorganen an den Wurzeln zapfen sie die Wurzeln anderer Pflanzen – im vorliegenden Fall vor allem von Gräsern – an, um für sich Wasser, Nährsalze und teilweise auch organische Substanzen abzuzweigen. Trotzdem sind die Läusekräuter mit ihren grünen Blättern noch in der Lage, Fotosynthese zu treiben, d.h. sich eigenständig zu ernähren. Das Quirlblättrige Läusekraut wächst vor allem in Kalkmagerrasen und kommt in Lagen zwischen 1400 und 2000 m vor.

Alpenhelm *Bartsia alpina* (Abb. oben links)

Wie das Quirlblättrige Läusekraut ist auch der Alpenhelm ein Rachenblütler und ein Halbschmarotzer. Die Pflanze wird 10 bis 25 cm hoch. Die Blätter sind kreuzweise gegenständig am Stengel angeordnet. Sie sind eiförmig, der Blattrand ist gezähnt. Sie umfassen den Stengel halb. Meist sind alle Blätter – wenigstens aber die oberen – trüb-violett überlaufen. Auch die Blüten, die in einer endständigen, kurzen Ähre angeordnet sind, zeigen eine ähnliche Farbe. Die Krone ist röhrenförmig und nach oben trichterförmig erweitert. Die Oberlippe überragt helmförmig die flache Unterlippe. Die filzig behaarten Staubbeutel ragen ein wenig aus der Kronröhre heraus. Der Alpenhelm blüht im Juli/August. Man findet diese Pflanze zerstreut in subalpinen Quellmooren oder in alpinen Steinrasen. In den Alpen kommt sie bis in Höhen um 2500 m vor.

Alpenfettkraut *Pinguicula alpina* (Abb. oben rechts)

Die Gattung *Pinguicula* ist mit 2 Arten in Mitteleuropa vertreten, dem Alpenfettkraut und dem Gewöhnlichen Fettkraut *(P. vulgaris).* Die erste Art besitzt gelblich-weiße Blüten mit einem kegelförmigen, kurzen Sporn, die zweite blauviolette mit einem schlanken Sporn. Beiden Arten kann man auch in den Alpen begegnen, wobei das Gewöhnliche Fettkraut bis in Höhen um 1600 m gedeiht, das Alpenfettkraut dagegen bis in Höhen um 2300 m. Beide Arten werden 5 bis 15 cm hoch. Ihnen ist gemeinsam, daß sie ihren Nährstoffhaushalt dadurch ergänzen, daß sie mit Hilfe der Blätter kleine Insekten fangen und verdauen. Die in einer grundständigen Rosette angeordneten Blätter sind nämlich dicht mit klebrigen Haaren besetzt. Kriecht ein Insekt darüber oder setzt es sich darauf, bleibt es unweigerlich hängen. Die Blätter rollen sich daraufhin von den Rändern her ein, und die Fangdrüsen scheiden ein Verdauungssekret aus, welches das gefangene Tier zersetzt. Ist die Verdauung abgeschlossen, entrollen sich die Blätter wieder, und von dem kleinen Insekt sind nur noch die harten Chitinteile übrig. Beide Arten kommen in Rieselfluren, Quell- und Flachmooren vor, und beide blühen im Mai/Juni.

Scheuchzers Glockenblume *Campanula scheuchzeri*

Eine typische Alpenpflanze ist diese Glockenblume. Sie wächst in Höhen zwischen 1300 und 2400 m in Mager- und Steinrasen. Sie wird 10 bis 30 cm hoch, besitzt rundliche, lang gestielte Blätter und blauviolette, bis 3 cm lange Glockenblüten.

Alpenaster *Aster alpinus*

In der Alpenaster haben wir den Vertreter einer weiteren Pflanzenfamilie vor uns; an diesem Beispiel kann man sich die wesentlichen Kennzeichen der Korbblütler *(Asteraceae)* vor Augen führen. Zunächst einmal ist das Blütenköpfchen bei allen Korbblütlern aus Einzelblüten zusammengesetzt. Dabei kommen 2 Typen von Blüten vor. Einmal gibt es sogenannte Zungenblüten. Das sind bei der Alpenaster die blauen äußeren Blüten des Körbchens. Diese Blüten sind hier steril und haben lediglich die Aufgabe der Werbung, sprich: Sie helfen bestäubende Insekten anzulocken. Im inneren Teil des Körbchens sieht man die gelben sogenannten Röhrenblüten. Diese Blüten sind fertil; in den Fruchtknoten werden Samen gebildet. Je nach dem Vorhandensein nur eines Blütentyps oder beider Blütentypen unterteilt man die Korbblütler in 2 große Gruppen. Die eine Gruppe besitzt nur Röhrenblüten oder zusätzlich zu den Röhrenblüten noch einen Kranz von sterilen Zungenblüten. Pflanzen dieser Gruppe haben nie Milchsaft im Stengel. Hier ist die Alpenaster einzuordnen. Die zweite große Korbblütler-Gruppe besitzt nur Zungenblüten und hat stets einen weißen Milchsaft im Stengel. In diese Gruppe stellt man Arten wie den Löwenzahn *(Taraxacum officinale).* Diese grobe Einteilung macht es schon etwas einfacher, die Vielzahl der Korbblütler näher kennenzulernen. Einige häufige Arten wird man nach und nach in Erinnerung behalten. Aber immer wieder muß man bei der Bestimmung einzelner Arten auf Bestimmungsschlüssel zurückgreifen. Die Alpenaster wird 5 bis 15 cm hoch. Die unverzweigten Stengel tragen stets nur ein Blütenköpfchen von 3 bis 4 cm Durchmesser. Die dreinervigen Blätter sind ganzrandig und behaart. Die Aster blüht zwischen Juni und August. Sie wächst in sonnigen Steinrasen in Höhen zwischen 1500 und 2400 m. Sie ist nicht sehr häufig, wächst aber meist gesellig.

Edelweiß *Leontopodium alpinum*

Diese wohl bekannteste Alpenblume wächst in sonnigen Steinrasen, in Felsspalten und auf Felsbändern, aber auch auf mageren Wiesen in 1700 bis 2400 m Höhe. Die Pflanze wird je nach Standortsverhältnissen 5 bis 10, manchmal auch bis zu 25 cm hoch. Die Blätter sind lanzettlich geformt. Die Blütenköpfchen setzen sich nur aus Röhrenblüten zusammen. Sie stehen gehäuft, und zusammen mit den weißfilzigen Hochblättern ergibt sich der Eindruck einer Einzelblüte. In Wirklichkeit hat man aber einen doldenartigen Blütenstand vor sich. Das Edelweiß blüht im Juli/August.

Arnika, Bergwohlverleih *Arnica montana*

Der zweite Name deutet es schon an: Die Arnika ist eine der am meisten verwendeten Heilpflanzen innerhalb der Alpenflora. Sowohl die unterirdischen Pflanzenteile wie auch die Blüten werden medizinisch genutzt. Die Blüten enthalten neben ätherischen Ölen und Gerbstoffen vor allem den Bitterstoff Arnicin. Arnikatinktur ist ein bewährtes Hausmittel gegen allerlei Gebrechen wie z. B. Verrenkungen und Verstauchungen, Hexenschuß, Rheuma, Quetschungen und Halsentzündungen. Diese Pflanze könnte also Anlaß geben, sich einmal näher mit dem weiten Feld der Heilpflanzen und der Pflanzenheilkunde zu beschäftigen. Dies wird auch zu weitergehenden Betrachtungen führen, denn beispielsweise die Arnika ist heute streng geschützt. Der Bedarf an Pflanzen wurde so groß, daß sie vor der Ausrottung bewahrt werden mußte.
Die Arnika ist wie die Alpenaster und das Edelweiß ein Korbblütler. Sie wird 20 bis 60 cm hoch. Die ganzrandigen, meist fünfnervigen Blätter bilden eine grundständige Blattrosette, aus deren Mitte sich der Blütenstengel erhebt. Der Stengel trägt 1 bis 2 gegenständige Blattpaare. Die Pflanze blüht im Juli/August. Die auffälligen Blütenköpfe haben einen Durchmesser von 5 bis 8 cm. Sie sind orangegelb gefärbt. Magere Rasen und Weiden sind die Stellen, an denen die Arnika wächst. In den Alpen kommt sie bis in Höhen um 2100 m vor. Ihre Verbreitung ist auf Europa beschränkt.

Großblütige Gemswurz *Doronicum grandiflorum*

Die Gemswurz ist eine der vielen weiteren gelb blühenden Korbblütler-Arten in der Alpenflora. Von der Arnika ist die Pflanze aber leicht zu unterscheiden. Aus einer am Boden kriechenden Grundachse erhebt sich 15 bis 50 cm hoch der blütentragende Stengel. An ihm sitzen charakteristisch geformte Blätter: Die grundständigen Blätter sind eiförmig, am Blattgrund gestutzt oder herzförmig. Die weiter oben am Stengel angeordneten Blätter sind herzförmig, stengelumfassend und buchtig gezähnt. Sie stehen wechselständig.
Im Juli/August blüht die Großblütige Gemswurz. Die Blütenköpfe stehen meist einzeln an den Enden der Stengel. Sie haben einen Durchmesser von 4 bis 6 cm und sind kräftig gelb gefärbt. Die Großblütige Gemswurz kommt in den Alpen zerstreut in Steinschuttfluren vor. Sie wächst aber auch in Felsspalten und auf steinigen Hängen. Zwischen 1200 und 2500 m Höhe ist dieser Korbblütler anzutreffen.

Stachelige Kratzdistel *Cirsium spinosissimum*

Die Stachelige Kratzdistel ist als Art in den Alpen entstanden und heute in ihrer Verbreitung auch auf dieses Gebiet beschränkt. Ihr Lebensraum sind staudenreiche, feuchte Wiesen und Weiden, die Hochstaudenfluren im Bereich von Almhütten, Halden mit grobem Schutt und Schneeböden. Höhen zwischen 1300 und 2500 m werden von der Kratzdistel besiedelt. Die Pflanze wird 0,50 bis 1,20 m hoch. Aus einem kräftigen, überdauernden Wurzelstock erhebt sich der meist unverzweigte Stengel. Er ist dicht mit kräftig bestachelten Blättern besetzt, die meist gelblichgrün gefärbt und fiederspaltig geformt sind. Die Hochblätter, die eher gelblich gefärbt sind, umhüllen den unscheinbar blaßgrünen Blütenstand. Die Pflanze blüht in der Zeit zwischen Juli und September. Insgesamt macht diese Kratzdistel ihrem Namen Ehre; sie erscheint wirklich als »sehr stachelig«. Auf Grund ihrer Stacheln wird die Stachelige Kratzdistel vom Almvieh gemieden, und in der Folge bleiben ihre Bestände erhalten, werden aber von den Hirten als Weideunkraut bekämpft.

Silberdistel, Eberwurz *Carlina acaulis*

Die großen Blütenköpfe dieser Distel fallen bei jeder Wanderung über steinige Hänge, magere Wiesen und Almen sofort auf. In Höhen zwischen 800 und 2600 m kann man die Silberdistel antreffen. Die Pflanze wird nur 10 bis 30 cm hoch, sitzt also mehr oder weniger dem Boden auf. Sie ist mit einer kräftigen Pfahlwurzel im Erdreich verankert. In der Mitte einer Rosette aus fiederteiligen, stachelig gezähnten, 10 bis 30 cm langen Blättern steht das Blütenköpfchen. Es hat einen Durchmesser von 5 bis 15 cm und setzt sich nur aus Röhrenblüten zusammen, die weißlich bis bräunlich-rötlich gefärbt sind. Das, was auf den ersten Blick wie Zungenblüten aussieht, sind nichts anderes als in den Blütenstand einbezogene Hüllblätter. Sie sind hier silberweiß gefärbt. Die Silberdistel besitzt hygroskopische Blütenköpfchen, d. h. bei trockenem, sonnigem Wetter sind sie weit geöffnet, bei feuchtem, regnerischem Wetter nehmen sie Feuchtigkeit auf und schließen sich. Silberdisteln blühen in der Zeit zwischen Juli und September. Getrocknet halten sich die Pflanzen sehr lange, und man ist versucht, sie von einer Bergwanderung mitzunehmen. Silberdisteln sind aber geschützt, und der Bergwanderer tut gut daran, sich an die Naturschutzgesetze zu halten. Die alpine Flora ist ohnehin in ihrem Bestand bedroht. Zu sehr hat der Mensch mit vielfältiger Nutzung in die sensible Ökologie der hochgelegenen Lebensräume eingegriffen.

Krokus *Crocus albiflorus*

Im März/April bieten Bergwiesen und Almen an vielen Stellen der Alpen ein prächtiges Bild. Ganze Hänge sind dann von blühenden Krokussen bedeckt. Dieses Schwertliliengewächs tritt nämlich immer gesellig auf. Krokusse werden 8 bis 12 cm hoch. Aus der im Boden überwinternden Knolle schieben sich zeitig im Frühjahr die grasartigen Blätter. Sie sind am Blattrand umgerollt und zeigen einen hellen Mittelstreifen. Die 2 bis 3 cm langen Blüten sind meist weißlich gefärbt. Es kommen aber auch violette Exemplare vor. Die Staubblätter sind lebhaft gelbrot gefärbt. Der Krokus ist ein charakteristischer Frühblüher der Berge. Mit ihrem Überdauerungsorgan ist es der Pflanze möglich, schon kurz nach der Schneeschmelze zu blühen. Krokusse kommen bis in 1900 m Höhe vor.

Weißer Germer *Veratrum album* (Abb. unten links)

Im Gegensatz zum Krokus gehört der Weiße Germer in die Familie der Liliengewächse *(Liliaceae).* Diese kräftige Staude wird 0,50 bis 1,50 m hoch. Die großen ovalen Blätter sind stark gerieft; auf der Unterseite sind sie behaart. Im Gegensatz zum vor der Blütezeit ähnlich aussehenden Gelben Enzian *(Gentiana lutea)* sind die Blätter aber wechselständig angeordnet. An der Spitze des Stengels bildet die Pflanze eine bis zu 50 cm lange Blütenrispe. Die sternförmigen Blüten sind weißlich-grünlich gefärbt und verströmen einen betäubenden Duft. Der Weiße Germer blüht in der Zeit zwischen Juni und August. Man findet ihn häufig und gesellig auf Almen und Lägerfluren, in Hochstaudenfluren und auf sumpfig-moorigen Wiesen. Die Pflanze wächst bis in Höhen um 2000 m.

Alpenschnittlauch *Allium sibiricum* (Abb. unten rechts)

Auch der Schnittlauch ist ein Liliengewächs, eines, das mit der Küchenzwiebel nahe verwandt ist. Der Lauch bildet eine Zwiebel aus, mit der er den Winter überdauert. Aus ihr wachsen die 15 bis 30 cm langen Blätter hervor. Sie sind stielrund und innen hohl; ihr Durchmesser beträgt 1 bis 2 mm. Die Blätter enthalten Knoblauchöl, das ihnen den typischen Lauchgeruch und -geschmack verleiht. Man vermutet in dieser Pflanze die Stammform des Gartenschnittlauchs. Etwas länger als die Laubblätter sind die Blütenstengel. Die endständigen kugeligen Blütenköpfe sind kräftig rosa bis violett gefärbt. Der Alpenschnittlauch blüht im Juli/August. Man findet die Pflanze bis in Höhen um 2100 m auf Steinschutthalden und auf Schneeböden, auf Sumpfwiesen und Flachmooren.

Kugel-Orchis *Traunsteinera globosa* (Abb. oben links)
Schwarzes Kohlröschen *Nigritella nigra* (Abb. oben rechts)
Weiße Höswurz *Pseudorchis albida* (Abb. unten links)
Grüne Hohlzunge *Coeloglossum viride* (Abb. unten rechts)

Die Familie der Orchideen *(Orchidaceae)* umfaßt etwa 15000 Arten, die auf rund 500 Gattungen verteilt sind. Diese Zahlen schwanken etwas, weil sich die Systematiker unter den Botanikern immer wieder einmal Gedanken machen und neu festlegen, wieviele Gattungen und Arten es nun gibt. Zunächst sollen hier die gemeinsamen Kennzeichen der Pflanzenfamilie erläutert werden: Es sind Stauden mit kugeligen oder zerteilten Wurzelknollen. Die Blüten sind zweiseitig-symmetrisch gebaut, d. h. wenn man eine gedachte Linie längs durch die Blüte legt, ergeben sich 2 spiegelbildliche Hälften. Die Blütenhülle setzt sich aus 6 Blättern zusammen, die aber eine sehr unterschiedliche Form haben können. Sie sind in 2 Kreisen angeordnet. Das mittlere Blatt des inneren Kreises weicht in Form und Farbe meist deutlich von den anderen Blütenblättern ab. Es ist die sogenannte Lippe. Sie hat die Funktion, Insekten zur Bestäubung anzulocken. In der Blüte findet man 1 oder 2 Staubblätter. Die Pollen eines Staubbeutels sind zum Pollinium vereinigt.
Der größte Teil der Orchideen kommt in den tropischen Regenwäldern vor. Aber auch die anderen Lebensräume von den Steppen bis zum Hochgebirge werden besiedelt. In Mitteleuropa sind rund 60 Orchideenarten beheimatet, und auch hier werden die unterschiedlichsten Lebensräume besiedelt. In Fichtenwäldern z. B. findet man die Korallenwurz *(Corallorhiza trifida),* in Buchenwäldern die Nestwurz *(Neottia nidus-avis),* in lichten Laub- und Nadelwäldern den Frauenschuh *(Cypripedium calceolus).* Ein besonders orchideenreicher Lebensraum sind trockene Grasflächen.
Die Kugel-Orchis wächst auf feuchten Bergwiesen bis in Höhen um 2200 m. Die Pflanze wird 25–50 cm hoch. Sie blüht in der Zeit zwischen Juni und August. – Das Schwarze Kohlröschen kommt in Höhen zwischen 1600 und 2300 m vor. Bergheiden und Matten auf Kalkuntergrund sind sein Lebensraum. Sehr ähnlich ist das Rote Kohlröschen *(Nigritella rubra),* das aber hellrosa Blüten hat. Beide Arten blühen zwischen Juni und August. – Die Weiße Höswurz wächst auf mageren Weiden, trockenen Wiesen und Bergheiden bis in 2300 m Höhe, stets auf saurem Boden. Sie wird 10 bis 30 cm hoch und blüht zwischen Mai und August. – Die Grüne Hohlzunge wächst in sauren Magerrasen bis in Höhen über 2500 m. Sie blüht zwischen Mai und August.

Scheidiges Wollgras *Eriophorum vaginatum*

Auf Bergwanderungen wird man immer wieder auf sumpfige bis vermoorte Stellen treffen. Quellmoore, Flach- und Hochmoore sind Lebensräume, die auch im Alpengebiet zu finden sind. Diese Lebensräume sind für den Naturfreund immer besonders interessant, denn es gibt eine Reihe von Organismen, die nur hier vorkommen. Unter den vielen spezialisierten Pflanzen fallen beispielsweise die Wollgräser bald auf. Sie tragen nach der Blütezeit weiße Köpfchen, die sich aus den langen Samenhaaren zusammensetzen. Die Blüten sind in Ähren angeordnet, und nun kommt es darauf an, wie die einzelnen Ähren am Stengel angeordnet sind. Es gibt Wollgrasarten, bei denen die Blütenähren einzeln stehen; dies ist beim Scheidigen Wollgras und bei Scheuchzers Wollgras *(E. scheuchzeri)* der Fall. Bei anderen Arten stehen die Blütenähren zu mehreren am Ende der Stiele. In diese Gruppe gehören das Schmalblättrige Wollgras *(E. angustifolium)*, das Breitblättrige Wollgras *(E. latifolium)* und das Schlanke Wollgras *(E. gracile)*. Man kann die Wollgräser also recht gut unterscheiden. Das Scheidige Wollgras steht in dichten Horsten. Die Pflanze bildet keine Ausläufer. Die Blattscheiden sind mehr oder weniger stark aufgeblasen. Diese Wollgrasart wird 15 bis 40 cm hoch. Sie blüht im April/Mai. Sie wächst in Birken- und Kiefermooren, auch in Hochmooren, und kommt in den Alpen bis in etwa 2000 m Höhe vor. In Moorgesellschaften bis in 2200 m Höhe kommt Scheuchzers Wollgras rasenbildend vor. Diese Pflanze zeigt Ausläufer, wird 10 bis 30 cm hoch und blüht im Juni.

Blumenbinse, Blasenbinse *Scheuchzeria palustris*

Die Blumenbinse ist eine typische Hochmoorpflanze. Die am Grund mit abgestorbenen vorjährigen Blattscheiden bedeckten Stengel werden 10 bis 20 cm hoch. Sie tragen dunkelgrüne, schmal-linealische Blätter, die im unteren Teil scheidig ausgebildet sind. 3 bis 10 unscheinbare Blüten bilden den locker traubigen Blütenstand. Die Blüten haben 6 Staub- und Fruchtblätter und öffnen sich im Mai/Juni.

Alpenhaarbinse *Trichophorum alpinum* (Abb. unten rechts)

Diese unscheinbare Pflanze sieht einem Wollgras ähnlich. Sie wird 10 bis 30 cm hoch, und auch bei ihr entwickeln die Samen Flughaare. Der Stengel ist dreikantig und fühlt sich rauh an. Die Haarbinse blüht im April/Mai. Sie kommt auf Torfböden in den Alpen bis in 1900 m Höhe vor.

Zweigestreifte Quelljungfer *Cordulegaster boltoni*

Man unterscheidet bei den Libellen 2 große Gruppen, die Kleinlibellen und die Großlibellen. Bei den Kleinlibellen sind Vorder- und Hinterflügel gleich gestaltet; in Ruhestellung werden die Flügel über dem Hinterleib senkrecht stehend zusammengelegt. Die Großlibellen haben unterschiedlich geformte Vorder- und Hinterflügel. In Ruhestellung werden sie ausgebreitet. Die Augen sind sehr groß und damit auch sehr viel leistungsfähiger als die der Kleinlibellen. Libellen jagen ihre Beute im Flug, wobei die Beine einen regelrechten Fangkorb bilden. Entweder wird das gefangene Insekt bereits im Flug verzehrt, oder die Libelle kehrt mit ihrer Beute zum Ansitz zurück, um sie dort zu verzehren. Die Quelljungfer ist eine fast ausschließlich an Bergbächen vorkommende Großlibelle. In den Alpen kommt sie bis in 1400 m Höhe vor. Die Färbung – völlig schwarz, gelbe Streifen auf der Brust, gelbe Flecken am Hinterleib – ist ein gutes Erkennungsmerkmal. Quelljungfern fliegen von Anfang Juni bis Ende August. Die Larven brauchen für ihre Entwicklung in den kalten Bächen mehrere Jahre.

Rotflügelige Schnarrheuschrecke *Psophus stridulus*

Die von den Systematikern in der Ordnung *Saltatoria* zusammengefaßten Insekten besitzen als wichtigstes Kennzeichen gegenüber dem angesprochenen Grundbauplan zu kräftigen Sprungbeinen umgewandelte Hinterbeine. Die Feldheuschrecken bilden eine eigene Familie, die der *Acrididae.* Hierher gehören die typischen Heuschrecken mit den kurzen Fühlern. Sie leben am Boden und sind hauptsächlich am Tag aktiv. Zur Lauterzeugung ziehen sie die Kanten der Vorderflügel über eine Reihe feiner Zähne an den Hinterbeinen. Die Schnarrheuschrecke ist eine besonders auffällige Feldheuschrecke. Die Männchen werden zwar nur 3 cm lang, die Weibchen 2,5 cm, und beide Geschlechter sind unscheinbar schwarzbraun gefärbt, aber wenn eine solche Heuschrecke vor einem auffliegt, werden die auffälligen, roten Hinterflügel ausgespannt. Beim Auffliegen lassen die Insekten dann auch das typische Schnarrgeräusch hören. Die Schnarrheuschrecke findet man in den Alpen vor allem auf trockenen, sonnigen Südhängen.
Hier soll nun etwas zur Fortpflanzung der Insekten gesagt werden. Normalerweise schlüpfen aus den Eiern die Larven. Diese entwickeln sich über das Puppenstadium zur Imago. Bei Heuschrecken ist das anders: Hier wachsen die Larven ohne ein dazwischengeschaltetes Puppenstadium zur Endgröße heran.

Lanzenschildfarn *Polystichum lonchitis* (Abb. oben links)

Der Farn besitzt einen ausdauernden Wurzelstock, aus dem die Wedel in Rosetten emporwachsen. Die im ausgewachsenen Zustand 10 bis 50 cm langen Wedel sind so derb, daß sie den Winter überdauern können. Sie sind gefiedert; die einzelnen Fiedern sind sichelförmig zur Wedelspitze hin gebogen und an den Rändern dornig gezähnt. Auf der Wedelunterseite werden – eingehüllt von einem häutigen Schleier – die Sporangien angelegt. Der Lanzenschildfarn ist über die europäischen Hochgebirge verbreitet; in den Mittelgebirgen kommt er zwar auch vor, ist dort aber selten. Er besiedelt Felsspalten bis in 2300 m Höhe.

Rippenfarn *Blechnum spicant* (Abb. oben rechts)

Auch beim Rippenfarn stehen die Wedel in einer Rosette angeordnet. Sie werden 15 bis 45 cm lang und haben unterschiedliche Form. Die derberen sterilen Wedel liegen auf dem Boden. In der Mitte der Rosette stehen senkrecht die fertilen Wedel, die schmaler gefiedert sind. An diesen Wedeln werden die Sporangien ausgebildet. Der Rippenfarn kommt auf sauren Waldböden vor und ist bis in 1900 m Höhe anzutreffen.

Tannenbärlapp *Huperzia selago* (Abb. unten links)

Die Bärlappe werden vielfach übersehen oder für etwas anderes – etwa ein Moos – gehalten. Hinzu kommt, daß sie recht selten sind und ihre Fundorte zerstreut liegen. Für Fichtenwälder und Bergkiefernbestände ist der immergrüne Tannenbärlapp kennzeichnend, bei dem die Sporenbehälter aber nicht – wie bei anderen Bärlapparten – in einer Ähre vereinigt sind, sondern in den Achseln der Stengelblätter sitzen.

Bartflechte *Usnea barbata* (Abb. unten rechts)

Flechten sind aus Pilzfäden und dazwischen liegenden Algen aufgebaut. Beide sind eine Symbiose eingegangen, ein Zusammenleben zu beiderseitigem Nutzen. Von den Pilzen stammen das Wasser und die Nährsalze, von den Algen die durch Fotosynthese aufgebauten organischen Substanzen. Beide zusammen bilden einen ganz neuen Organismus. Bei den Bartflechten ergeben sich fädige, bartförmige Gebilde, die von den Bäumen herunterhängen. Bartflechten sind an Waldgebiete mit hoher Luftfeuchtigkeit gebunden. In den Bergwäldern der Alpen kann man diese Flechte häufig beobachten.

Steinfliegen, Uferfliegen *Plecoptera*

Zum Lebensraum Hochgebirge gehören natürlich auch die Gewässer, vor allem die kalten, klaren Bergbäche. Der Naturfreund wird einige Steine aus dem Bach nehmen und sich die vor allem auf deren Unterseite lebenden Tiere genauer ansehen. Da sind Eintagfliegenlarven, Köcherfliegenlarven und eben auch die Larven von Steinfliegen zu finden und anderes mehr. Alle 3 Gruppen gehören zur Tierklasse der Insekten.
Allgemein kann man die Insekten an ihrem Körperbau leicht erkennen. Ihr Körper ist gegliedert oder segmentiert; die einzelnen Segmente sind zu unterschiedlichen Gruppen zusammengefaßt. Daraus ergibt sich die typische Gliederung in Kopf, Brust und Hinterleib. Der Kopf der Insekten trägt die Mundwerkzeuge und die meisten Sinnesorgane, so die Fühler und die auffälligen, aus vielen Einzelaugen zusammengesetzten Facettenaugen. Die Brust besteht immer aus 3 Segmenten, an denen jeweils ein Beinpaar ansetzt; Insekten haben also immer 6 Beine. An den beiden hinteren Segmenten sitzen die beiden Flügelpaare. Der Hinterleib trägt grundsätzlich weder Flügel noch Beine. Insekten machen von der Eiablage bis zum fertigen Insekt, der Imago, eine Verwandlung durch.
Die Larven der Steinfliegen leben nun im Wasser. Von anderen im Wasser lebenden Insektenlarven kann man sie relativ leicht unterscheiden. Sie tragen stets 2 Cerci – lange, fadenförmige, gegliederte Anhänge – am Hinterleib.

Köcherfliegen *Trichoptera*

Die Insektenordnung der Köcherfliegen soll hier nur summarisch vorgestellt werden, denn die Bestimmung der einzelnen Arten ist nur einem Spezialisten möglich. Bei einer Bergbach-Exkursion wird man häufig die Larven dieser Insektengruppe antreffen. Es gibt Formen, die ohne den charakteristischen Köcher leben, etwa die Larven aus den Gattungen *Hydropsyche* und *Rhyacophila.* Andere Larven bauen sich mit Hilfe der Vorderbeine und Mundwerkzeuge Köcher aus Teilen von Blättern, Zweigstücken und anderem Pflanzenmaterial. Diesen Typ wird man aber eher in stehenden Gewässern antreffen. Für einen Bergbach sind Larven typisch, die Köcher aus Sandkörnern und kleinen Kieselsteinen bauen. Diese Köcher sind wesentlich schwerer als jene aus Pflanzenmaterial und können daher weniger leicht verdriftet werden, eine ständige Gefahr für alle in Fließgewässern lebenden Insektenlarven. Köcherfliegen-Imagines kann man leicht daran erkennen, daß sie die Flügel in Ruhe dachartig über dem Hinterleib zusammenlegen.

Zweigestreifte Quelljungfer *Cordulegaster boltoni*

Man unterscheidet bei den Libellen 2 große Gruppen, die Kleinlibellen und die Großlibellen. Bei den Kleinlibellen sind Vorder- und Hinterflügel gleich gestaltet; in Ruhestellung werden die Flügel über dem Hinterleib senkrecht stehend zusammengelegt. Die Großlibellen haben unterschiedlich geformte Vorder- und Hinterflügel. In Ruhestellung werden sie ausgebreitet. Die Augen sind sehr groß und damit auch sehr viel leistungsfähiger als die der Kleinlibellen. Libellen jagen ihre Beute im Flug, wobei die Beine einen regelrechten Fangkorb bilden. Entweder wird das gefangene Insekt bereits im Flug verzehrt, oder die Libelle kehrt mit ihrer Beute zum Ansitz zurück, um sie dort zu verzehren. Die Quelljungfer ist eine fast ausschließlich an Bergbächen vorkommende Großlibelle. In den Alpen kommt sie bis in 1400 m Höhe vor. Die Färbung – völlig schwarz, gelbe Streifen auf der Brust, gelbe Flecken am Hinterleib – ist ein gutes Erkennungsmerkmal. Quelljungfern fliegen von Anfang Juni bis Ende August. Die Larven brauchen für ihre Entwicklung in den kalten Bächen mehrere Jahre.

Rotflügelige Schnarrheuschrecke *Psophus stridulus*

Die von den Systematikern in der Ordnung *Saltatoria* zusammengefaßten Insekten besitzen als wichtigstes Kennzeichen gegenüber dem angesprochenen Grundbauplan zu kräftigen Sprungbeinen umgewandelte Hinterbeine. Die Feldheuschrecken bilden eine eigene Familie, die der *Acrididae.* Hierher gehören die typischen Heuschrecken mit den kurzen Fühlern. Sie leben am Boden und sind hauptsächlich am Tag aktiv. Zur Lauterzeugung ziehen sie die Kanten der Vorderflügel über eine Reihe feiner Zähne an den Hinterbeinen. Die Schnarrheuschrecke ist eine besonders auffällige Feldheuschrecke. Die Männchen werden zwar nur 3 cm lang, die Weibchen 2,5 cm, und beide Geschlechter sind unscheinbar schwarzbraun gefärbt, aber wenn eine solche Heuschrecke vor einem auffliegt, werden die auffälligen, roten Hinterflügel ausgespannt. Beim Auffliegen lassen die Insekten dann auch das typische Schnarrgeräusch hören. Die Schnarrheuschrecke findet man in den Alpen vor allem auf trockenen, sonnigen Südhängen.
Hier soll nun etwas zur Fortpflanzung der Insekten gesagt werden. Normalerweise schlüpfen aus den Eiern die Larven. Diese entwickeln sich über das Puppenstadium zur Imago. Bei Heuschrecken ist das anders: Hier wachsen die Larven ohne ein dazwischengeschaltetes Puppenstadium zur Endgröße heran.

Blattkäfer *Chrysomela*-Art

Die Biologen schätzen, daß etwa 825000 verschiedene Insektenarten auf der Erde vorkommen. Davon sind rund 30000 Arten allein in Mitteleuropa vertreten. Innerhalb dieser immensen Artenzahl stellen nun die Käfer etwa 350000. In Mitteleuropa kommen etwa 8000 Käferarten vor. Sich mit den Insekten allgemein und den Käfern speziell zu beschäftigen, verlangt also intensiveres Bemühen. Bei entsprechender Vertiefung mit Hilfe eines Insektenführers wird es aber zumindest möglich sein, die Ordnungen und einzelne Familien zu unterscheiden und ggf. auch auf einer Bergwanderung draußen zu erkennen. Die Gruppe der Käfer zeichnet sich dadurch allgemein aus, daß es hart gepanzerte Tiere sind, die chitinisierte Vorderflügel tragen. Diese Deckflügel liegen über den häutigen Hinterflügeln, mit denen die Käfer fliegen. Die Vorderflügel werden also für den Antrieb nicht genutzt.
Eine gut erkennbare Käferfamilie sind die Blattkäfer *(Chrysomelidae).* Es sind insgesamt relativ kleine, rundlich gebaute Käfer, die meist leuchtend grüne oder blaue, metallisch glänzende Flügeldecken aufweisen. Von ihrer Nahrung her sind sie häufig auf ganz bestimmte Pflanzen und deren Teile spezialisiert. Man sollte also den Namen der Futterpflanze als Bestimmungshilfe festhalten. Dennoch kommt meist nicht nur eine einzige Art als Futter für Käfer oder Larve in Frage. Blattkäfer werden z.T. auch Nutzpflanzen gefährlich und können beträchtlichen Schaden anrichten.

Alpenbock *Rosalia alpina*

Eine sehr artenreiche Käferfamilie sind die Bockkäfer *(Cerambycidae);* etwa 30000 Arten gibt es auf der Erde. Die Tiere sind allgemein langgestreckt und schmal gebaut. Auffällig sind die langen Fühler, die oft länger sind als der Körper selbst. Bockkäfer sind gute Flieger. Ein Kleinod in der Käferfauna der Berge ist der Alpenbock. Man wird diesen Bock aber wohl nur durch glücklichen Zufall zu sehen bekommen. Käfer und Larve kommen vor allem an alten Buchenstämmen vor, aber auch auf geschlagenem Buchenholz. Seit aber eine geregelte Forstwirtschaft auch in die Bergwälder eingezogen ist, wird der Lebensraum des Alpenbocks mehr und mehr eingeschränkt. Fanatische Käfersammler haben weitere Sünden begangen; wegen seiner prächtigen Färbung ist der Käfer berühmt und in Sammlerkreisen nach wie vor begehrt. Wie der Apollo, steht heute auch der Alpenbock unter Naturschutz, um ihn vor der drohenden völligen Ausrottung zu bewahren.

Apollo *Parnassius apollo*

Schmetterlinge bilden innerhalb der Klasse der Insekten eine eigene Ordnung, die der *Lepidoptera.* Ihre wichtigsten Kennzeichen sind die mit winzigen Schuppen bedeckten Flügel und der lange, einrollbare Saugrüssel. Der Rüssel wird von den Schmetterlingen eingesetzt, um Nektar und andere Pflanzensäfte zu saugen. Schmetterlinge sind heute selten geworden im dicht besiedelten Mitteleuropa. Viele Lebensräume sind verschwunden, und mit ihnen auch die Futterpflanzen der Tiere. Umweltgifte bleiben ebenfalls nicht ohne Folgen.
Der Apollo ist nun einer der Schmetterlinge, die heute im Bestand bedroht, in einigen Gegenden ihres Verbreitungsgebietes sogar bereits ausgestorben sind. Der Falter kommt inselartig von Spanien bis Südskandinavien vor und weiter bis nach Zentralasien. Die Spannweite des Falters liegt um 8 cm. Die Flügel sind gelblichweiß gefärbt und weisen schwarze und rote Flecken auf. Die Fühler sind grau gefärbt. Der Apollo besiedelt vor allem Bergwiesen bis in etwa 2200 m Höhe. Die Flugzeit liegt zwischen Juni und September. Die vom Weibchen abgelegten Eier überwintern. Die Raupen fressen bevorzugt am Weißen Mauerpfeffer *(Sedum album),* aber auch an anderen Mauerpfeffer- und an Hauswurz-Arten. Der empfindliche Apollo ist heute in vielen Ländern Europas streng geschützt!

Natterwurz-Perlmutterfalter *Clossiana titania*

Gehört der Apollo zur Schmetterlingsfamilie der Ritterfalter *(Papilionidae),* so stellen die Systematiker die Perlmutterfalter in die Familie der Flecken- oder Edelfalter *(Nymphalidae).* Der Natterwurz-Perlmutterfalter ist über die Alpen verbreitet, besitzt aber darüber hinaus noch ein weites Verbreitungsgebiet auf der Nordhalbkugel. Dem Falter begegnet man an Waldrändern und auf Waldwiesen in der montanen Stufe. Die Flügel zeigen auf rötlich-gelbem Untergrund ein charakteristisches Muster von schwarzen Flecken. Dieses Fleckenmuster ermöglicht es dem Fachmann, die einzelnen Perlmutterfalter-Arten auseinanderzuhalten. Die Flugzeit des Falters liegt zwischen Ende Mai und Anfang August. Die Raupen leben an Veilchen- und Knöterich-Arten. – Auffallend große schwarze Flecke auf tief rotbraunem Untergrund trägt der nahe verwandte Alpen-Perlmutterfalter *(Clossiana thore),* der in 700 bis 2000 m Höhe vorkommt. Seine Flugzeit liegt zwischen Juni und August. Er kommt an Waldrändern und in buschigem Gelände vor. Die Raupe lebt vornehmlich an Veilchen-Arten.

Bläulinge *Lycaenidae*

Trockene, sonnige Rasenhänge, Heiden und Almwiesen sind Lebensräume, in denen man einer besonders auffälligen Gruppe von Tagfaltern begegnen kann, den Bläulingen. Sie werden mit den Feuerfaltern und den Zipfelfaltern in der artenreichen Familie der *Lycaenidae* zusammengefaßt. Die blau gefärbten Arten stellte man lange Zeit in die Gattung *Lycaena.* Mittlerweile haben die Systematiker diese Großgattung aber in mehrere kleinere Gattungen aufgeteilt. Spätestens an dieser Stelle muß der besonders an Schmetterlingen interessierte Naturfreund auf speziellere Literatur verwiesen werden. Hier würde er zunächst auf die Tatsache stoßen, daß die Familie der *Lycaenidae* mit etwa 100 Arten in Europa und Nordafrika verbreitet ist. Eine Bestimmung ist also nicht sehr einfach. Nimmt man sich jetzt die Bläulinge im engeren Sinne, also die blau gefärbten Arten heraus, dann steht man vor der Schwierigkeit, die diffizilen Zeichnungsunterschiede eindeutig zu erkennen. Erschwerend für die Bestimmung ist außerdem, daß bei diesen Schmetterlingen Männchen und Weibchen sehr unterschiedlich gefärbt und gemustert sind. Das unterschiedliche Aussehen der beiden Geschlechter belegt man mit dem Begriff Sexualdimorphismus.

Widderchen, Blutströpfchen *Zygaenidae*

Die Familie der *Zygaenidae* soll hier wie die der Bläulinge nur im ganzen angesprochen werden. Auch in dieser Gruppe finden wir verschiedene Arten, die einander sehr ähnlich sehen. Eine Bestimmung der Arten setzt einige Spezialkenntnisse voraus, die man allerdings auch erarbeiten kann, wenn man bedenkt, daß die Familie der *Zygaenidae* nur mit rund 30 Arten in Mitteleuropa vertreten ist. Die Falter kann man leicht an den meist blaugrünen Vorderflügeln erkennen. Die meist roten Flecken können unterschiedliche Formen haben. Die Hinterflügel sind fast immer rötlich gefärbt. Die Widderchen tragen ihre Flügel nicht ausgebreitet wie etwa der Apollo, sondern diese stehen dachförmig über dem Hinterleib zusammengefaltet.
Die Falter sind sehr wärmeliebend. Sie kommen auf trockenem, sonnigen Gelände auf Kalkboden vor. Auf einer Bergwiese wird man die Falter frei auf den Blumen sitzen sehen. Sie sind nicht sehr gute Flieger und lassen sich in Ruhe betrachten. Aus der Nähe sieht man noch ein weiteres Kennzeichen dieser Schmetterlinge: Sie besitzen keulig verdickte Fühler, die nach vorne ausgestreckt werden.

Bachforelle *Salmo trutta* f. *fario*

Die Bachforelle ist über ganz Europa bis hin zum Ural, nach Kleinasien und südlich des Schwarzen und des Kaspischen Meeres verbreitet. Ihr natürlicher Lebensraum sind kalte, sauerstoffreiche Fließgewässer mit Kies- und Geröllgrund. Bachforellen werden wegen ihres wohlschmekkenden Fleisches aber auch vielerorts in Teichwirtschaften gehalten. Die Bachforelle ist eine stationäre Form der Lachsforelle *(Salmo trutta)*. Dieser Fisch lebt im Meer und steigt zum Laichen in die Flüsse auf. Bachforellen erkennt man an ihrem spindelförmigen Körper. Ihre Oberseite ist grünlich bis bräunlich gefärbt, der Bauch weißlich. Auf dem Rücken tragen die Fische große, runde, schwarze Flecken; entlang der Seitenlinie rote, hell umrandete Flecken. Zur Laichzeit im Spätherbst und Winter schlagen die Weibchen mit dem Schwanz eine Laichgrube in den Kiesgrund. Die abgelegten, besamten Eier werden wieder mit Kies abgedeckt. Forellen ernähren sich vorwiegend von Wasserinsekten, Kleinkrebsen und anderen Wassertieren. Größere Exemplare stellen auch kleinen Fischen nach. Forellen besetzen im Gewässer regelrechte Reviere, die gegen Eindringlinge verteidigt werden.

Seesaibling *Salvelinus alpinus*

Der Seesaibling kommt heute in vielen unterschiedlichen Formen vor, die man früher als eigene Arten beschrieben hat. Der Wandersaibling als Stammform ist über das Gebiet des nördlichen Eismeeres in Europa, Asien und Nordamerika verbreitet. Er bewohnt dort die Küstengewässer und deren Zuflüsse. Der Lebensraum des Seesaiblings sind kalte, sauerstoffreiche und tiefe Seen auf der Nordhalbkugel. Verbreitungsschwerpunkte liegen im seenreichen Skandinavien, vor allem in Finnland. Weiter werden viele Seen in Schottland und Irland besiedelt. In Mitteleuropa trifft man den Fisch vor allem in den bayerischen und österreichischen Voralpen- und Alpenseen bis in 2000 m Höhe an.
Man kann den Seesaibling gut daran erkennen, daß seine Brust-, Bauch- und Afterflossen leuchtend weiße Säume zeigen. Zur Laichzeit, die bei den einzelnen Formen zwar sehr unterschiedlich, generell aber zwischen September und Januar liegt, haben die Fische einen rötlichen Bauch. Außerhalb der Laichzeit ist der Bauch weißlich-gelblich gefärbt. Zusätzliches Kennzeichen ist die Fettflosse vor der Schwanzflosse, die den Lachsartigen und Renkenartigen gemeinsam ist. In die erstere Familie ist der Seesaibling einzuordnen. Die Fische werden 25 bis 40 cm lang.

Felchen, Renke *Coregonus*-Art

Für die Fischereibiologen ist es immer noch ein Problem, eine einigermaßen zuverlässige Systematik der *Coregonus*-Arten aufzustellen. Die einzelnen Formen ähneln einander sehr stark. Hinzu kommt ihre unterschiedliche Lebensweise. In den Küstengebieten der Nord- und Ostsee mit ihren Flußmündungen kommt eine Wanderform vor. Im nördlichen Europa und in Norddeutschland kommen stationäre Formen vor, ebenso in den tiefen Seen des Voralpen- und Alpengebietes. Gemeinsames Kennzeichen der *Coregonus*-Arten ist der langgestreckte Körper, der seitlich abgeflacht ist und einen recht spitzen Kopf aufweist. Zwischen Rücken- und Schwanzflosse fällt die Fettflosse auf. Die Schwanzflosse ist tief eingebuchtet.
Felchen haben ihre Laichzeit im Spätherbst und Winter. Im Laichverhalten gibt es Unterschiede: Einige Formen legen ihre Eier im freien Wasser ab, andere über Sand- oder Kiesgrund in Ufernähe. Vielfältig ist auch die Ernährungsweise der Fische. Freiwasserformen ernähren sich hauptsächlich vom Zooplankton, bodengebundene Formen mehr von Bodentieren wie Insektenlarven oder Würmern.

Äsche *Thymallus thymallus*

Die Äsche ist mit Ausnahme der Iberischen und der Apennin-Halbinsel, Schottlands, großer Teile Skandinaviens und des Balkans über weite Teile Europas verbreitet, kommt aber innerhalb ihres Verbreitungsgebietes nur unregelmäßig vor. Als Standfisch in schnellfließenden, klaren und sauerstoffreichen Gewässern mit festem Untergrund stellt sie hohe Ansprüche an ihren Lebensraum. Mit zunehmender Verbauung und Verschmutzung der Flüsse gehen die Äschen-Bestände zurück.
Man kann die Äsche gut an der langgestreckten Form, der charakteristischen Rückenflosse und der Fettflosse von anderen Fischen unterscheiden. Zur Laichzeit – von März bis Juni – ist ihr Körper rötlich angehaucht. Verstreute schwarze Flecken auf den Seiten sind ebenfalls ein brauchbares Erkennungsmerkmal. Beim Ablaichen schlagen die Weibchen mit der Schwanzflosse eine Laichgrube in den kiesigen Untergrund. Nach der Besamung der Eier werden diese wieder mit Kies bedeckt. Etwa 2 Wochen später schlüpfen die Larven. Mit 3 bis 4 Jahren werden die Fische geschlechtsreif. Sie können bis zu einer Länge von 60 cm heranwachsen. Äschen ernähren sich hauptsächlich von Würmern, Schnecken und Insektenlarven, aber auch von Fischlaich und kleinen Fischen.

Elritze *Phoxinus phoxinus*

Mit Ausnahme der Iberischen Halbinsel, Italiens, des südlichen Balkans, Schottlands und Norwegens kommt die Elritze in ganz Europa vor. Darüber hinaus besiedelt der Fisch fast ganz Nord- und Mittelasien. Der zu den Karpfenfischen *(Cyprinidae)* gehörende, mit einer Mittellänge von rund 10 cm relativ kleine Schwarmfisch bewohnt bevorzugt klare, sauerstoffreiche Fließgewässer und Seen mit Kiesgrund. Besonders häufig trifft man die Elritze deshalb auch in den Alpengewässern bis in 2000 m Höhe an. Ihre Ansprüche an den Lebensraum ähneln denen der Forelle. Beide kommen deshalb nebeneinander vor, wobei die kleinen Elritzen oft die Beute der großen Forellen werden. Die Kennzeichen der Elritze sind einmal der langgestreckte Körper, die dunklen Querbinden und der goldglänzende Längsstreifen. Die Fische laichen in der Zeit von April bis Juli. Die Männchen zeigen dann eine rötliche Unterseite. Das Ablaichen erfolgt an kiesigen Stellen, wobei die Weibchen je nach Größe 200 bis 1000 Eier ablegen. Nach 5 bis 10 Tagen schlüpfen die Larven. Sie halten sich zunächst zwischen den Steinen versteckt, bis die Vorräte ihres Dottersackes aufgebraucht sind. Dann fressen die Fische Kleinkrebse, wie den Bachflohkrebs, und Anflugnahrung.

Groppe, Koppe *Cottus gobio*

Die Groppe ist über das gesamte gemäßigte Europa verbreitet. Sie ist ein stationärer Fisch und bevorzugt flaches Wasser mit steinigem Grund. Deshalb findet man den Fisch sowohl in klaren, rasch fließenden Bächen wie auch in den Uferzonen klarer Alpenseen. Bei etwa 2200 m liegt die vertikale Verbreitungsgrenze der Groppe. Wenn man den Fisch beobachtet, sieht man leicht, daß er ein Bodenfisch ist. Der Körper ist keulenförmig und geht vorne in einen breiten, abgeplatteten Kopf über. Tagsüber halten sich Groppen zwischen Geröll, unter Steinen und Wurzelwerk, das ins Wasser hängt, versteckt. Wird ein Tier belästigt, reißt es das Maul weit auf und spreizt seine großen Brustflossen ab. Mit diesem Verhalten versucht der nur 15 cm lange Fisch zu »imponieren«. In der Dämmerung gehen die Groppen auf die Suche nach Nahrung. Dabei halten sie sich an kleine Bodentiere, an Fischlaich und Fischbrut.
Die Laichzeit der Groppe liegt zwischen Februar und Mai. Das Männchen bereitet kleine Laichgruben vor, in die das Weibchen die Eier ablegt. Der Laich wird vom Männchen bewacht. Je nach Wassertemperatur schlüpfen die Fischlarven nach 3 bis 6 Wochen. Die Jungen werden bereits am Ende des 2. Lebensjahres geschlechtsreif.

Bergmolch *Triturus alpestris*

Der Bergmolch ist über Mitteleuropa, die Alpenländer und die Karpaten verbreitet; in anderen Rassen kommt er darüber hinaus auf der Apennin-Halbinsel und auf dem Balkan vor. In Mitteleuropa ist er der wohl häufigste Molch und in vielen Gegenden anzutreffen. Im norddeutschen Flachland hat er nur vereinzelte Vorkommen. Hauptsächlich ist der Bergmolch im Hügelland und im Gebirge anzutreffen. In den Alpen kommt er bis in etwa 3000 m Höhe vor; sein wissenschaftlicher Artname legt das schon nahe, und ein zweiter deutscher Name des Tieres ist Alpenmolch. Außerhalb der Laichzeit führen die Molche ein heimliches Landleben. Je nach Höhenlage und Witterung erscheinen die Molche manchmal bereits im Februar an den Gewässern, um zu laichen. Man findet die Tiere in der Uferzone sowohl stehender wie fließender Gewässer. Interessant ist bei diesen Molchen, daß ihre Larven im Gewässer überwintern, wenn ihr hoch gelegener Lebensraum die Entwicklung innerhalb eines Sommers verhindert. – Zur Laichzeit tragen die Männchen einen niedrigen Rückenkamm, der ohne Stufe in den Hautsaum des Schwanzes übergeht. Das auffälligste Kennzeichen des Tieres ist aber die orangerote Unterseite. An der Kehle ist der Molch orange und schwarz gefleckt; ebenso liegen an der Grenze von Ober- und Unterseite dunkle Flecken. Bergmolche werden bis zu 11 cm lang.

Alpensalamander *Salamandra atra*

Gegenüber dem in fast ganz Europa verbreiteten, bekannteren Feuersalamander *(Salamandra salamandra)* kommt der Alpensalamander nur im eng begrenzten Gebiet der Alpen und der Berggegenden Westjugoslawiens und Nordalbaniens vor. Im Gegensatz zum Feuersalamander mit seinen orangegelben Flecken oder Streifen ist der Alpensalamander ganz schwarz und mit 16 cm Länge deutlich kleiner als sein Verwandter (Länge: bis zu 28 cm). Beide Arten sind also nicht zu verwechseln, zumal sie auch kaum nebeneinander vorkommen. Der Alpensalamander geht bis in Höhen von 3000 m hinauf, wo der Feuersalamander nie gefunden wird. Die Ruhezeit der Tiere dauert von Oktober bis März/April. In der übrigen Zeit des Jahres halten sich die Tiere tagsüber meist unter Moos, Steinen oder Fallaub versteckt und gehen erst mit Einbruch der Dämmerung auf die Suche nach Nahrung, die aus Würmern, Schnecken und Kerbtieren besteht. In Anpassung an die in ihrem hochgelegenen Lebensraum herrschenden Bedingungen bringen die Weibchen nur 2 voll ausgebildete, 3 bis 4 cm lange Junge zur Welt.

Grasfrosch *Rana temporaria*

Der Grasfrosch ist über das gesamte nördliche und gemäßigte Europa und Asien verbreitet. Er kommt überall an feuchten Stellen im Flachland und im Gebirge vor, oft in beträchtlicher Entfernung von Gewässern. In den Alpen sind die Grasfrösche bis in etwa 2500 m Höhe anzutreffen.
Grasfrösche sind mit die häufigsten Frösche in Mitteleuropa. Sie werden bis 10 cm lang. Gute Kennzeichen sind die braune, dunkel gefleckte Oberseite und der dunkle Schläfenfleck. Zur Laichzeit suchen die Tiere Gewässer auf. Je nach Höhenlage und Witterungsverhältnissen beginnt sie schon Ende Februar oder etwas später. In dieser Zeit lassen die Männchen ein dumpfes, lautes Knurren hören. Es wird mit Hilfe zweier Schallblasen auf der Unterseite des Kopfes erzeugt. 2000 bis 4000 Eier legt ein Weibchen ab, die zunächst auf den Gewässerboden sinken. Bald aber quellen ihre Hüllen, und man findet an der Wasseroberfläche die aufgestiegenen Eier in großen Laichballen.

Bergunke, Gelbbauchunke *Bombina variegata*

Die Bergunke ist in verschiedenen Rassen über fast ganz Mitteleuropa, die Apennin-Halbinsel und den Balkan verbreitet. Obwohl sie in ebenen Lagen nicht völlig fehlt, ist sie doch im allgemeinen mehr im Hügel- und Bergland anzutreffen. Dementsprechend hat dieser Froschlurch in Deutschland seinen Verbreitungsschwerpunkt im Südwesten des Landes. In den Alpen ist die Unke bis in etwa 1800 m Höhe anzutreffen. Ihr Lebensraum sind stehende oder langsam fließende Gewässer, aber auch kleine Pfützen. Klares Wasser und reicher Pflanzenwuchs im Gewässer sagen ihr besonders zu.
Die Bergunke wird 4 bis 5 cm lang. Sie ist recht flach gebaut. Die Oberseite ist verwaschen oliv- bis graubraun gefärbt; manchmal zeigt sie auch dunkle Flecken. Die Haut ist stark warzig. Sieht man die Unke also von oben, kann man sie leicht übersehen. Ganz anders ist es, wenn man sie von der Bauchseite her anschaut: Weiße Punkte und große zitronen- bis dottergelbe Flecken auf blaugrauem bis fast schwarzem Grund bilden ein Muster, das eine Warntracht gegen Freßfeinde darstellt.
Die Bergunken paaren sich von der zweiten Aprilhälfte an bis in den August hinein. Das Weibchen legt einzeln oder in kleinen Klumpen insgesamt etwa 100 Eier an Wasserpflanzen und Steinen ab. Nach gut 1 Woche schlüpfen die rötlich gefärbten, braun getüpfelten Kaulquappen.

Bergeidechse, Waldeidechse *Lacerta vivipara*

Die Berg- oder Waldeidechse kommt mit Ausnahme der Iberischen Halbinsel, fast ganz Italiens und Griechenlands überall in Europa und darüber hinaus in großen Teilen Nordasiens vor. Ihr Lebensraum sind ziemlich feuchte Gebiete in Wäldern, sumpfige Wiesen und Moore. Im Gebirge trifft man die Eidechse bis in etwa 3000 m Höhe an. Bergeidechsen werden 16 bis 18 cm lang. Ihre Färbung ist recht variabel. Der Rücken kann grau, rötlich oder dunkelbraun gefärbt sein. Meist verläuft ein dunkler Längsstreifen und/oder eine gelbe und schwarze Punktierung auf der Mitte des Rückens. Die Flanken sind dunkler gefärbt. Auf der Unterseite ist die Eidechse gelblich oder orange; besonders die Männchen zeigen hier schwarze Flecken. Den Winter verbringen die Eidechsen in Winterstarre. In hohen Lagen dauert die Ruhezeit oft 8 bis 9 Monate. Diese Eidechse ist insofern bemerkenswert, als sie lebende Junge zur Welt bringt, meist 3 bis 10, in Ausnahmefällen auch bis zu 15.

Kreuzotter *Vipera berus*

Die Kreuzotter ist über das nördliche und mittlere Europa und Asien verbreitet. Sie kommt also in ganz Deutschland vor, sowohl im Tiefland wie auch im Mittel- und Hochgebirge, und die Schlange ist selbst in Höhen um 3000 m noch anzutreffen. Sie bewohnt sehr unterschiedliche Lebensräume; Dünen, Heiden und Moore werden ebenso besiedelt wie steiniges Gelände. Die Kreuzotter gehört zur Familie der Vipern *(Viperidae),* ist also eine Giftschlange. Ihr Giftapparat ist so konstruiert, daß im Oberkiefer 2 Giftzähne stehen, die vom Giftkanal durchzogen sind. Die Giftzähne sind beweglich; bei geschlossenem Maul liegen sie in Gaumenfalten verborgen, bei geöffnetem Maul richten sie sich auf. Kreuzottern sind zwar überwiegend tagaktiv, aber sie greifen einen Menschen nicht an. Normalerweise ziehen sich Schlangen außerdem bei Erschütterungen des Bodens zurück. Die Kreuzotter verläßt sich aber manchmal auf ihre Tarnung, und durch einen unglücklichen Zufall kann dann auch einmal ein Wanderer gebissen werden. Das bei den Weibchen dunkelbraune, bei den Männchen schwarze Zickzackband auf dem Rücken ist das Merkmal, an dem man Kreuzottern leicht erkennen kann. Außerdem fallen der dreieckige Kopf und die Augen mit den senkrecht stehenden Pupillen auf. Kreuzottern werden 70 bis 80 cm lang. Im Spätsommer bringen die Weibchen aus den im Mutterleib erbrüteten Eiern 5 bis 18 lebende Junge zur Welt. Den Wintern überdauern die Kreuzottern in Winterstarre in einem geeigneten Versteck.

Steinadler *Aquila chrysaetos*

Wie der Wanderfalke, ist auch der Steinadler trotz seines großen Verbreitungsgebietes ein seltener Greifvogel. Der Adler ist über fast ganz Nordamerika und Mittelasien verbreitet. In Europa beschränkt sich sein Verbreitungsgebiet auf Skandinavien, Schottland, die Iberische Halbinsel, den Alpenraum und Teile des Balkans. Daneben kommt der Steinadler auch in Nordwestafrika vor. Man schätzt, daß in den Alpen noch etwa 200 Brutpaare horsten.
Die ausgewachsenen Vögel sind einfarbig dunkelbraun gefärbt. Am ehesten könnte man sie noch mit dem Mäusebussard *(Buteo buteo)* verwechseln, doch sind Steinadler mit einer Spannweite von rund 2,20 m deutlich größer (Mäusebussarde erreichen nur eine Spannweite von rund 1,20 m). Auch wenn man sitzende Vögel beobachtet, ist allein auf Grund der unterschiedlichen Größe eine Verwechslung kaum möglich; Steinadler werden mit einer Länge von 90 cm etwa 30 cm größer als Mäusebussarde. Die Adler besetzen große Reviere, um genügend Nahrung für sich und die Jungen zu finden. Im Revier stehen mehrere Horste, die im Wechsel benutzt werden. Fast immer sind sie in unzugängliche Felswände gebaut. Das Weibchen legt meist 2 Eier; sie sind auf trübweißem Grund rotbraun gefleckt. Die Gelege findet man von April an. Die Brutdauer beträgt rund 6 Wochen. Nach weiteren 11 bis 12 Wochen verlassen die flüggen Jungadler den Horst.

Wanderfalke *Falco peregrinus*

Der Wanderfalke ist fast ein Kosmopolit; er ist in einer Vielzahl von Rassen über fast die gesamte Nordhalbkugel verbreitet. Daneben kommt der Falke in Teilen Afrikas und Australiens vor. In Mittel- und Südamerika fehlt er bis auf Vorkommen in Patagonien. Obwohl eine Verbreitungskarte den Vogel für ganz Mitteleuropa verzeichnet, wird man selten Glück haben, ihn zu sehen. Zu sehr haben Eierräuber, Taubenzüchter und Pestizide an den Beständen gezehrt. Erst durch strengen Schutz der Brutplätze haben sich jetzt die Bestände wieder einigermaßen erholt. Durch seine Gefiederfärbung ist der Wanderfalke gut zu erkennen. Der schiefergraue Rücken bildet einen deutlichen Kontrast zur gesperberten Brust. Der breite schwarzgraue Bartstreifen fällt ebenfalls sofort auf. In den Alpen brüten Wanderfalken fast ausschließlich in steilen Felswänden. Die 3 bis 4 auf gelblichem Grund rotbraun gefleckten Eier liegen auf dem nackten Boden. Nach rund 4 Wochen Bebrütung schlüpfen die Jungen, die im Alter von etwa 5 Wochen den Horst verlassen.

Mornellregenpfeifer *Eudromias morinellus*

Dem Vogelfreund wird dieser Regenpfeifer wohl bekannt sein, sei es von Reisen in die Fjellandschaften Skandinaviens her, sei es aus Bengt Bergs klassischem Naturbuch »Mein Freund der Regenpfeifer«. Auch Bengt Berg hat den Vogel im Norden beobachtet und fotografiert. Ein Blick auf das Verbreitungsgebiet des Mornellregenpfeifers zeigt aber, daß man den Vogel auch in Schottland und in den Alpen finden kann. Daneben gibt es einige weitere über Eurasien verstreute inselartige Vorkommen. In den Alpen brütet der Vogel oberhalb der Baumgrenze, was in etwa dem Lebensraum Fjell entspricht. Das Weibchen legt in eine Mulde im Boden 2 bis 3 Eier; sie sind auf ockergelbem Grund dunkel gefleckt und daher gut getarnt. Die Brutdauer beträgt 22 bis 26 Tage.

Waldschnepfe *Scolopax rusticola*

Die Waldschnepfe besiedelt große Teile Europas. Ausgespart sind das nördliche Skandinavien, die Iberische Halbinsel, Italien und die küstennahen Bereiche des Balkans. Das Verbreitungsgebiet setzt sich durch ganz Mittelasien bis zum Pazifik fort. In Mitteleuropa sind die Waldschnepfen-Bestände stark zurückgegangen; die an Stelle naturnaher Mischwälder angelegten Wirtschaftsforsten sind für die Vögel kein geeigneter Lebensraum. Sie brauchen zusammenhängende, nicht zu dichte Laub- und Mischwälder, die Lichtungen aufweisen und von Bächen durchzogen sind. Weicher, feuchter, mit krautigen Pflanzen und Sträuchern bestandener Boden gehört ebenfalls zu einem geeigneten Schnepfen-Biotop. Da in den Alpen noch heute naturnahe Waldungen erhalten geblieben sind, finden wir auch dort diese große Schnepfe. Optimale Schnepfen-Biotope liegen über 900 m Höhe, wenn dort ebenes Gelände der beschriebenen Beschaffenheit vorhanden ist.
Der etwa taubengroße, gedrungene Vogel mit dem langen Stocherschnabel und der Tarnfärbung fällt am ehesten auf, wenn er – etwa ab Mitte März – balzt. Die Männchen führen dann ihre Balzflüge auf. Etwa in Baumkronenhöhe fliegen sie über Schneisen und Lichtungen umher und lassen dabei typische Laute hören, die wie »puitz, puitz« oder »quarr-quorr« klingen. Die Weibchen tragen nach der Begattung Fallaub und anderes Pflanzenmaterial zusammen und legen damit eine Bodenmulde aus, in die sie die Eier legen. Die Eier sind auf graugelbem Grund braun und violettgrau gefleckt. Nach 23 bis 24 Tagen schlüpfen die jungen Schnepfen, die noch weitere 5 bis 6 Wochen vom Weibchen geführt werden.

Auerhuhn *Tetrao urogallus*

Das Auerhuhn ist über die höheren Mittelgebirge Zentraleuropas verbreitet, über die östlichen Teile Skandinaviens und weiter über die gesamte sich nach Osten erstreckende Nadelwaldzone. Isolierte Brutvorkommen gibt es außerdem in Schottland, in den Pyrenäen und auf dem Balkan. Der Hahn wird bis 90 cm lang und 5 kg schwer, die Henne wird rund 60 cm lang und wiegt etwa 3 kg. Neben seiner Größe ist die dunkelgraubraune Färbung ein Kennzeichen des Hahnes. Der Brustschild schillert grünlich. Am Flügelbug besitzt er einen deutlichen weißen Fleck, und über den Augen liegt ein unbefiederter roter Streifen. Die Henne ist demgegenüber wesentlich unscheinbarer gefärbt. Ihr Gefieder ist dunkelbraun gesprenkelt; ein rotbrauner Brustschild ist das einzige auffällige Kennzeichen.

Auerhühner besiedeln große zusammenhängende Waldgebiete. Ein reichlicher Bodenbewuchs mit Beerensträuchern ist notwendig, dann sollte es entsprechende Schlafbäume geben, und schließlich sollten die Gebiete ruhig sein. Diese Beschreibung des Lebensraumes der Auerhühner zeigt schon, daß die großen Vögel heute selten geworden sind. Gerade Wälder des beschriebenen Typs sind vielerorts reinen Fichtenforsten gewichen, und das Auerhuhn ist in stetiger Abnahme begriffen.

Das Nest ist nicht mehr als eine von der Henne gescharrte Mulde unter Zwergsträuchern, am Fuß eines Baumes oder an ähnlicher Stelle. Ein volles Auerhuhngelege umfaßt 6 bis 10 Eier, die auf gelbbraunem Grund fein rotbraun punktiert sind. Je nach Höhenlage findet man die vollen Gelege schon Ende April, meist aber erst im Mai/Juni. Wie bei allen Hühnervögeln brütet ausschließlich die Henne, und zwar 26 bis 28 Tage lang. Auch wenn die Jungen als Nestflüchter den gefährdeten Nistplatz bald nach dem Schlüpfen verlassen können und dann durch ihr Tarnkleid gut geschützt sind und so von manchem Räuber übersehen werden, so vermag doch schlechte Witterung – Kälte und Regen – erhebliche Verluste unter den Dunenjungen zu verursachen.

Ein besonders eindrucksvolles Erlebnis ist es, die Balz dieser großen Hühnervögel zu beobachten. Gegen Abend kommt der Hahn zum Balzplatz, um auf dem Schlafbaum zu übernachten. In der Morgendämmerung beginnt er dann seine Strophe, die sich aus dem »Knappen«, dem »Triller«, dem »Hauptschlag« und dem »Schleifen« zusammensetzt. Mit hängenden Flügeln, aufgerichtetem Hals und Schwanz wandelt der Hahn nun auf dem Balzplatz herum, bis die Hennen eintreffen.

Alpenschneehuhn *Lagopus mutus*

Während das Auerhuhn ein Bewohner des Bergwaldes ist, findet man das Alpenschneehuhn vom Krummholzgürtel an aufwärts bis zur Schneegrenze. In Europa kommt das Alpenschneehuhn in den Pyrenäen und in den Alpen vor, in Schottland und großen Teilen Skandinaviens. Sein Verbreitungsgebiet umfaßt darüber hinaus den gesamten nördlichen Teil Asiens und Nordamerikas. Das Alpenschneehuhn ist ein sehr bemerkenswerter Vogel, da es zu Beginn des Winters mausert, um ein einfarbig weißes Gefieder anzulegen (Abb. oben rechts). Dieses Winterkleid tarnt es in der verschneiten Landschaft vortrefflich, und es kann einem Räuber leichter entgehen. Im Sommerkleid sind immer noch die weißen Flügel vorhanden – ein sicheres Erkennungsmerkmal (Abb. oben links). Der Hahn ist im übrigen eher grau gefärbt, das Weibchen bräunlich. Alpenschneehühner legen in eine etwas ausgepolsterte Mulde am Boden 7 bis 12 Eier. Diese sind auf gelblich-weißem Grund über und über dunkel gefleckt; sie sind also gut getarnt. Volle Gelege findet man von Ende Mai an. Die Eier werden rund 3 Wochen lang bebrütet. Die Jungen sind Nestflüchter. Alpenschneehühner sind Standvögel, suchen aber im Winter tiefere, geschützte Lagen auf.

Steinhuhn *Alectoris graeca*

Wesentlich seltener als das Alpenschneehuhn wird man auf einer Bergwanderung das Steinhuhn antreffen. Beide Arten kommen nur im Alpengebiet nebeneinander vor. Sonst ist ihre Verbreitung sehr unterschiedlich, denn das Steinhuhn ist mehr südlich bzw. südöstlich verbreitet. Einzeln oder in kleinen Trupps trifft man das Steinhuhn in den Alpen in Höhen zwischen etwa 1600 m und 2000 m an. Sein Lebensraum sind steinige Hänge oberhalb der Baumgrenze; auch mit Alpenrosen bestandene Hänge sind ein Biotop, wo man nach dem Vogel Ausschau halten kann. Der Vogel ist etwas größer als ein Rebhuhn. Oberseite und Brust sind hellgrau gefärbt, die Unterseite rötlich-grau. Schnabel und Beine sind rot gefärbt. Besonders auffällig sind die schwarzen Streifen an den Flanken und die helle Kehle, die von einem breiten schwarzen Streifen eingefaßt wird. Steinhühner legen im Latschengestrüpp oder unter überhängenden Felsen ihre Nester an, die nicht mehr sind als eine mit etwas weichem Pflanzenmaterial ausgelegte Mulde im Boden. Die Vögel legen 7 bis 14 gelblich-weiße Eier, die fein rötlich gefleckt sind. Steinhühner sind Standvögel, die allerdings bei Einbruch des Winters tiefere Lagen aufsuchen.

Uhu *Bubo bubo*

Schaut man auf eine Verbreitungskarte dieser größten europäischen Eulenart, so könnte man meinen, es gibt große Bestände. Mit Ausnahme Islands, des nördlichen Skandinaviens, Englands/Irlands, Südschwedens und Dänemarks, der Beneluxländer und Teilen Frankreichs ist der Uhu über ganz Europa verbreitet. Außerdem kommt er mit Ausnahme der nördlichen Sowjetunion, der Arabischen Halbinsel und Hinterindiens in ganz Asien und im nördlichen Afrika vor. Der Uhu ist aber nirgends häufig. Und auch in Mitteleuropa sind die Bestände gering. Besser müßte man sagen: Sie wurden stark dezimiert. Diesem negativen Trend steuern Naturschützer aber heute entgegen. Vielerorts wird versucht, die Eule wieder einzubürgern.
Mit einer Länge von 70 cm und einer Spannweite von etwa 1,70 m ist der Uhu allein schon von seiner Größe her kaum mit einer anderen Eule zu verwechseln. Er ist etwa doppelt so groß wie die Waldohreule *(Asio otus),* die zwar auch Federohren trägt, die aber nach oben gerichtet sind. Diese Federohren – allerdings mehr nach der Seite gerichtet – sind auch ein gutes Kennzeichen des Uhus. Sie haben aber nichts mit dem sprichwörtlich guten Gehör aller Eulen zu tun; die Ohrmuscheln liegen im Gefieder versteckt an den Seiten des Kopfes.
Als Brutplatz wählt der Uhu fast ausschließlich Felswände, wo er in Nischen oder Höhlen seine Eier ablegt. Eigentlichen Nestbau betreibt er – wie fast alle anderen Eulenarten mit Ausnahme der Sumpfohreule *(Asio flammeus)* – nicht. Vielmehr werden die 2 bis 5 weißen Eier auf den nackten Fels gelegt. Die Eizahl kann sehr schwanken. Das liegt daran, daß die Vögel vom Nahrungsangebot stark abhängig sind. Besteht in ihrem Lebensraum Nahrungsmangel, kommt es vor, daß die Vögel überhaupt nicht brüten. Volle Gelege findet man meist im April, unter günstigen Umständen auch schon im März. Das Weibchen bebrütet die Eier allein; die Bebrütung beginnt wie bei allen Eulen mit dem ersten Ei. Die jungen Uhus schlüpfen nach etwa 5 Wochen. Es dauert noch weitere 5 Wochen, bis sie flügge sind und ihren Brutplatz verlassen.
Weitere in den Alpen zu beobachtende Eulen sind die Waldohreule und der Waldkauz *(Strix aluco).* Beide Arten sind noch einigermaßen häufig. Seltener dagegen sind Habichtskauz *(Strix uralensis),* Rauhfußkauz *(Aegolius funereus)* und Sperlingskauz *(Glaucidium passerinum).* Um diese Eulenarten zu unterscheiden, sollte man einen guten Vogelführer heranziehen. Auf Grund ihrer Lebensweise – sie verschlafen den Tag in einem Versteck und gehen erst mit Einsetzen der Dämmerung auf die Jagd – wird man aber Eulen nur recht selten zu sehen bekommen.

Weißrückenspecht *Dendrocopos leucotos* (großes Foto)
Dreizehenspecht *Picoides tridactylus* (kleines Foto)

Die Spechte haben charakteristische, gemeinsame Kennzeichen: Mit ihrem kräftigen, stoßgedämpften Meißelschnabel spalten sie Baumrinde und morsches Holz, um dort nach Nahrung – vor allem Insekten und deren Larven – zu suchen. Die lange, mit Widerhaken besetzte Zunge, holt die Beutetiere selbst aus feinsten Höhlungen im Holz hervor. Mit dem Schnabel zimmern die Spechte aber auch ihre Bruthöhlen. Klopf- und Trommelzeichen bilden ein Signalsystem zur Verständigung mit Artgenossen. Mit ihren Kletterfüßen – 2 Zehen sind nach vorn, 2 nach hinten gerichtet; alle tragen steigeisenartige Krallen – können sie sich hervorragend an Baumstämmen bewegen. Der keilförmige Stützschwanz ist eine zusätzliche Anpassung an ihre kletternde Lebensweise.
In den Alpen wird man sein besonderes Augenmerk auf 2 Spechtarten richten, die im übrigen Mitteleuropa nicht vorkommen, den Weißrückenspecht und den Dreizehenspecht. Der Weißrückenspecht kommt in Europa außerdem noch im mittleren Norwegen und Schweden und im südlichen Finnland vor, in Ost- und Südosteuropa; von dort aus zieht sich sein Brutareal bis weit nach Asien hinein. In den Alpen finden wir diesen Specht in alten Bergwaldbeständen, wobei Laub- und Mischwälder bevorzugt werden. Er ist nur unwesentlich größer als der Buntspecht *(Dendrocopos major)*, mit dem man ihn leicht verwechseln kann. Dem Weißrückenspecht fehlen aber die großen weißen Flecken auf den Schultern. Vielmehr zeigt sein Rücken eine schwarz-weiße Bänderung mit einem deutlichen weißen Mittelfeld. Das Männchen hat einen roten Scheitel, das Weibchen einen schwarzen. Beim Buntspecht hat das Männchen lediglich einen roten Hinterkopf, das Weibchen eine durchgehend schwarze Kopfplatte. Wie alle Spechte ist der Weißrückenspecht ein Höhlenbrüter, der seine Nisthöhlen bevorzugt in kernfaulen Laubbäumen anlegt. Das Gelege besteht aus 3 bis 5 glänzend-weißen Eiern. Volle Gelege findet man im April/Mai. Die Jungen schlüpfen nach etwa 2 Wochen Bebrütung aus den Eiern und bleiben dann noch etwa 1 Monat lang in der Höhle.
Der Dreizehenspecht ist zum einen über die mittel- und südosteuropäischen Hochgebirge verbreitet, zum anderen über die gesamte Nadelwaldzone der Nordhalbkugel. Ihm fehlt jegliches Rot im Gefieder; auffällig ist die gelbe Kopfplatte des Männchens. Diese Spechtart bevorzugt Nadelholzbestände; dementsprechend findet man seine Bruthöhlen auch in Nadelbäumen.

Alpensegler *Apus melba*

Den Mauersegler *(Apus apus)* wird wohl jeder Vogelfreund kennen. Der Vogel ist überall in unseren Städten häufig. In rasend schnellem Flug umjagt er die Häuser auf der Suche nach Insekten. Seine auffälligen »sriii, sriii«-Rufe sind ebenfalls ein gutes Erkennungsmerkmal. In Freiburg (Breisgau) aber beispielsweise lohnt es sich, genauer hinzusehen und hinzuhören. Denn hier hat der Alpensegler 1955 angefangen zu brüten, und unter den Mauerseglern kann man heute auch die Alpensegler entdecken. Dieser Segler ist einmal wesentlich größer als der nahe Verwandte (60 cm Spannweite gegenüber 40 cm). Bessere Kennzeichen sind aber der weiße Bauch, die weiße Kehle und das braune Brustband. Auch seine Rufe klingen völlig anders; man hört ein anhaltendes Trillern. Der Alpensegler ist im wesentlichen südlich verbreitet; d.h. er kommt vor allem in den Ländern des Mittelmeerraumes vor. Die Tiere kommen in der ersten Aprilhälfte an ihren Brutplätzen an. Die Vögel brüten kolonieweise an hohen Gebäuden oder in Felswänden. Das Nest enthält 2 bis 3 weiße, glanzlose Eier. Nach 19 bis 20 Tagen schlüpfen die Jungen, die bis zu 6 Wochen lang im Nest bleiben. In der zweiten Septemberhälfte fliegen die Alpensegler nach Süden ab, um im mittleren und südlichen Afrika zu überwintern.

Felsenschwalbe *Ptyonoprogne rupestris*

Die Felsenschwalbe ist über die Hochgebirge Nordwestafrikas, Südeuropas, Vorder- und Zentralasiens verbreitet. Sie erreicht also in den Alpen die Nordgrenze ihrer Verbreitung in Europa. Ihr Lebensraum sind Felswände und Schluchten. Auf den ersten Blick könnte man den Vogel leicht mit der ähnlichen Uferschwalbe *(Riparia riparia)* verwechseln. Beide Schwalben haben ein bräunliches Gefieder. Die Uferschwalbe hat aber einen eingekerbten Schwanz; der der Felsenschwalbe ist hinten gerade abgestutzt und besitzt weiße Flecken, die aber erst deutlich sichtbar werden, wenn der Schwanz gespreizt wird. Außerdem fehlt der Felsenschwalbe das braune Brustband, das ein sicheres Kennzeichen der Uferschwalbe ist. Felsenschwalben brüten kolonieweise. Sie bauen aus Schlamm napfförmige Nester, die an die Felswände geklebt werden, oft an überhängenden Stellen, damit die Nester von oben geschützt sind. Von Mitte Mai an findet man die meist aus 5 Eiern bestehenden Gelege. Die Eier sind auf weißlichem Grund grau und braun gefleckt. Nach rund 2 Wochen schlüpfen die Jungen. Sie werden im Nest weitere 3 bis 4 Wochen gefüttert, bis sie das Nest verlassen.

Alpendohle *Pyrrhocorax graculus* (Abb. oben links)

Ein hähergroßer schwarzer Vogel mit gebogenem, gelbem Schnabel und roten Beinen – die Alpendohle ist kaum zu verwechseln. Sie ist über die Hochgebirge Süd- und Mitteleuropas, Nordwestafrikas, Klein- und Zentralasiens verbreitet und kommt bei uns in den Alpen oberhalb der Baumgrenze überall vor. Oft halten sich die Vögel scharenweise in der Nähe von Berggasthöfen und Almhütten auf. Die Vögel brüten kolonieweise in Felsspalten. Die aus 4 bis 5 Eiern bestehenden Gelege findet man im Mai/Juni.

Kolkrabe *Corvus corax* (Abb. oben rechts)

Das Verbreitungsgebiet des Kolkraben zieht sich vom nördlichen Skandinavien, von Island und Schottland bis weit nach Süden zum Südrand der Sahara hin. Darüber hinaus kommt der Vogel fast in ganz Asien und in Nordamerika vor. In Mitteleuropa kommt der Rabe schwerpunktmäßig in den Alpen vor. Der mit 64 cm Länge und einer Spannweite von 120 cm größte Rabenvogel ist an sich leicht mit anderen Krähen, etwa der Rabenkrähe *(Corvus corone)* zu verwechseln. Eindeutige Kennzeichen sind aber der keilförmige Schwanz und die tiefen »korrrk«-Rufe. Auf nahe Distanz fällt außerdem der klotzige Schnabel auf. Kolkraben sind Standvögel, streichen aber nach der Brutzeit oft weit herum. Der große Horst steht auf hohen Bäumen oder in Felswänden. Schon im März legen die Vögel 4 bis 6 Eier, die rund 3 Wochen lang bebrütet werden.

Tannenhäher *Nucifraga caryocatactes*

Es kommt in Abständen von einigen Jahren immer wieder vor, daß Tannenhäher aus dem zusammenhängenden Brutgebiet, das in Osteuropa beginnt, nach Westen ziehen. In Scharen tauchen sie dann in Mitteleuropa auf, um hier zu überwintern. Weitere Brutgebiete des Vogels liegen in Südskandinavien und in den höheren Gebirgen Mittel- und Südosteuropas. Lebensraum des Tannenhähers sind die Fichten- und Zirbelkieferbestände bis hinauf zur Baumgrenze. Der Vogel ist unverkennbar. Größe und Gestalt ähneln dem Eichelhäher *(Garrulus glandarius),* von dem ihn die dunkelbraune Gefiederfarbe und die bis auf die einfarbige Kopfplatte weiße Fleckung deutlich unterscheiden. Das Nest wird meist einige Meter über dem Boden in Nadelbäumen gebaut. Das Weibchen legt 3 bis 4 Eier, die blaß blaugrün gefärbt sind und feine olivbraune und graue Flecken zeigen. Volle Gelege findet man schon von März/April an.

Wasseramsel *Cinclus cinclus*

Die Wasseramsel ist über große Teile Europas und Asiens verbreitet; sie kommt auch in Nordwestafrika vor. Da sie als Lebensraum klare, schnell fließende Bäche benötigt, trifft man den Vogel in Mitteleuropa vor allem in den Mittelgebirgen und in den Alpen an. Außerhalb der Brutzeit streifen die Vögel zwar weit umher, bleiben aber das ganze Jahr über bei uns. Die Wasseramsel ist insofern ein sehr bemerkenswerter Vogel, als sie ihrer Nahrung – Wasserinsekten und Insektenlarven, Kleinkrebsen und Schnecken – unter Wasser nachstellt. Sie springt ins Wasser und kann aufgrund ihres angepaßten Körperbaus eine Zeitlang am Bachgrund entlanglaufen, um an einer anderen Stelle wieder aufzutauchen. In den umfangreichen Nestern, die unter Brücken, in Uferböschungen und -mauern angelegt werden, ziehen die Vögel 2 Bruten im Jahr auf.

Mauerläufer *Tichodroma muraria* (Abb. unten links)

Der Mauerläufer hat etwa die Gestalt eines Baumläufers, ist aber von der Färbung her auffällig unterschieden. Der Rücken ist grau gefärbt, die Kehle und die Brust schwarz. Der Schwanz hat am Hinterende helle Kanten und eine helle Binde. Ganz auffällig sind aber die karminroten Flekken im Flügel. Kann man den Vogel fliegend beobachten, werden auch noch weiße Flecken in den sehr rundlich geformten Flügeln sichtbar. Der Mauerläufer ist über die Gebirgszüge Mittel- und Südeuropas verbreitet. Er kommt darüber hinaus auch in den Gebirgen Asiens vor. Die Brutplätze in den Alpen liegen zwischen 700 und 2500 m. Das Nest steht in Spalten von steilen Felswänden. Es ist ein umfangreicher, flacher Bau aus Pflanzenmaterial. Volle Gelege findet man in der Zeit zwischen Mai und Juli. Die Vögel legen 4 bis 5 weiße, matt glänzende Eier, die wenige braunrote Flecken aufweisen. Die Brutdauer beträgt 18 bis 19 Tage.

Haubenmeise *Parus cristatus* (Abb. unten rechts)

Die Haubenmeise besiedelt fast ganz Europa. In Nadelwäldern ist sie überall anzutreffen. Ihr »zizi gürrr« ist eine in diesem Lebensraum sehr markante Vogelstimme. Aber auch wenn sie nicht singt, ist die Haubenmeise an der schwarz-weißen Gesichtszeichnung und der kleinen Federhaube auf dem Kopf leicht zu erkennen. Haubenmeisen sind Höhlenbrüter. Sowohl in natürlichen Höhlen wie auch in Nistkästen legen sie ihre Nester an. Die Vögel brüten zweimal im Jahr. Die Eier – 7 bis 10 je Gelege – sind auf hellem Grund rostrot gefleckt.

Hausrotschwanz *Phoenicurus ochruros* (Abb. oben links)

Den Hausrotschwanz in einem Alpen-Führer zu finden, mag manchen erstaunen, der den Vogel als einen typischen Stadtbewohner kennt. Dennoch kommt der Vogel im Gebirge bis über die Baumgrenze hinauf vor, und es darf den Bergwanderer keineswegs erstaunen, den Rotschwanz vom First einer Almhütte aus singen zu hören. Der Gesang ist eine kurze Strophe, in der quietschende, scheuernde und krächzende Töne abwechseln. Der Hausrotschwanz ist ein Zugvogel, der im Oktober nach Süden zieht und in den Mittelmeerländern und in Nordafrika überwintert. Bereits Anfang März treffen die ersten Rotschwänze bei uns wieder ein. Das Nest steht immer geschützt in Halbhöhlen. Die Vögel legen 4 bis 6 Eier. Meist sind sie glänzend weiß gefärbt; hin und wieder sind die Eier fein rostrot gefleckt. Die Vögel brüten 13 Tage lang.

Steinschmätzer *Oenanthe oenanthe* (Abb. oben rechts)

Der Steinschmätzer bewohnt ganz Europa, große Teile Asiens, die Küsten Grönlands und Teile des nördlichen Nordamerikas. Sein Lebensraum sind trockenere Raine, Heiden und Ödland, im Norden auch die Tundra. In den Alpen begegnet man dem Vogel auf steinigen Matten und Felsfluren. Man kann den Steinschmätzer leicht an dem weißen Bürzel und der schwarzen Endbinde am Schwanz erkennen. Steinschmätzer brüten in Steinhaufen, auch in angehäuftem Bauschutt oder in Löchern von Bodenanrissen. Das Nest wird reichlich mit Federn und Haaren ausgepolstert. Die Vögel machen nur 1 Brut im Jahr und legen meist 6 Eier.

Ringamsel *Turdus torquatus*

Die Ringamsel kommt in Großbritannien und Irland, in großen Teilen Skandinaviens, in den Pyrenäen, im gesamten Alpenraum und in den Gebirgszügen auf dem Balkan, in Kleinasien und im Kaukasus vor. In den Alpen findet man sie zwischen 1000 und 2000 m als Brutvogel. Die Ringamsel ist etwas größer als die Amsel. Eindeutiger ist der weiße, halbmondförmige Ring auf der Brust, der sich beim Männchen ganz deutlich abhebt, bei dem eher schwarzbraun gefärbten Weibchen weniger deutlich hervortritt. Ein gutes Kennzeichen sind auch die weißlichen Federsäume auf der Bauchseite und die hellen Schwingensäume. Die Nester der Ringamsel stehen meist nur wenig über dem Boden, höchstens 2 m hoch, meist in Fichten. Der Nestbau gleicht dem der Amsel. Auch die 4 bis 5 Eier sehen denen der Amsel ähnlich.

Gebirgstelze *Motacilla cinerea*

Die Gebirgstelze brütet in großen Teilen Europas und Asiens, wo sie fast ausschließlich in der Nähe von Bächen und Flüssen anzutreffen ist. Soweit die Vögel im Winter nicht im Brutgebiet bleiben, kehren sie in der zweiten Februarhälfte dorthin zurück. Das Nest steht fast immer in Halbhöhlen und Nischen in Ufermauern, unter Brücken, an Mühlen und Wehren. Zweimal im Jahr – im April und im Juni – brüten die Gebirgstelzen. Meist legen sie 5 Eier, die auf grüngelbem Grund rotbraun gewölkt sind. Im Oktober verlassen die meisten Vögel ihr Brutgebiet wieder, um in Südeuropa, teils auch in Nordafrika zu überwintern.

Wasserpieper *Anthus spinoletta*

Der Wiesenpieper *(Anthus pratensis)* ist vielleicht dem Vogelfreund als Bewohner von offenem Wiesengelände und Ödland bekannt. Ein ähnlich aussehender Vogel ist der nahe verwandte Wasserpieper. Diese Art läßt sich nun in verschiedene Rassen aufspalten, die alle eigene Namen bekommen haben. Der Strandpieper brütet an den Küsten Großbritanniens, Irlands und Nordwestfrankreichs; er wird hin und wieder im Bereich der Nordseeküste beobachtet. Der Felsenpieper brütet an den Küsten Skandinaviens und der Sowjetunion; er erscheint bei uns als Wintergast im Küstengebiet, bisweilen auch einmal im Binnenland. Der Wasserpieper nun brütet in Deutschland im Schwarzwald und in den Alpen; diese Rasse wird deshalb auch Bergpieper genannt.

Vom nahe verwandten Wiesenpieper kann man den Wasserpieper gut dadurch unterscheiden, daß er eine ungefleckte, rötlich überflogene, weißliche Unterseite besitzt; die Oberseite ist graubraun gefärbt. Auffällig sind weiter der helle, deutlich erkennbare Überaugenstreif und die weißen Schwanzkanten. Kann man den Vogel aus der Nähe beobachten, dann sieht man auch, daß er – im Gegensatz zu den anderen heimischen Pieperarten – dunkle Beine hat. Den Wasserpieper wird man vor allem auf moorigen Wiesen in der Latschenregion, auf feuchten mit Felsblökken übersäten Bergwiesen und in ähnlichem Gelände antreffen. Sein Nest steht immer am Boden, in einer kleinen Vertiefung oder zwischen Steinen. Es ist oft durch überhängendes Gras verdeckt und deshalb schwer zu finden. Das Weibchen legt 4 bis 6 trübweiße Eier, die dicht graubraun gefleckt sind. Die Eier werden 14 Tage lang bebrütet. Nach weiteren 2 Wochen verlassen die Jungen das Nest; sie sind dann aber noch nicht voll flugfähig.

Birkenzeisig *Acanthis flammea* (Abb. oben links)

Der Birkenzeisig ist über die nördlichen Regionen der gesamten Nordhalbkugel verbreitet. In Europa kommt er in fast ganz Skandinavien, in Großbritannien und Irland und auf Island vor. Ein von diesen Gebieten isoliertes Brutvorkommen liegt in den Alpen. Die Kennzeichen des Vogels sind die rote Stirn, die schwarze Kehle und die hellen Flügelbinden. Bei den Männchen ist in der Brutzeit die Brust rötlich überflogen. Das Nest wird meist niedrig über dem Boden oder direkt am Boden angelegt. Das Weibchen legt 5 bis 6 trübblaue, fein rötlich-braun gefleckte Eier. Volle Gelege findet man von Mitte Mai an bis in den August hinein.

Zitronenzeisig *Serinus citrinella* (Abb. oben rechts)

Der Zitronenzeisig – auch Zitronengirlitz genannt – besitzt eine ganz eigentümliche Verbreitung. Er kommt nur in Mittel- und Südeuropa vor, und hier auch nur in isoliert voneinander liegenden Gebieten, so etwa in den Vogesen, im Schwarzwald, im französischen Jura, in den Pyrenäen, auf Sardinien und Korsika und in den Alpen. Der Vogel erinnert von der Gestalt her an den Hänfling, ist aber gelbgrün gefärbt, und nur die grauen Partien auf dem Nacken, an den Seiten des Halses, an den Flanken und auf der Unterseite sind ein deutliches Kennzeichen. Sein Nest steht in mittlerer Höhe auf Nadelbäumen. Die Vögel legen 4 bis 5 Eier. Volle Gelege findet man von Ende April bis Ende Juni.

Fichtenkreuzschnabel *Loxia curvirostra*

Die Kreuzschnäbel gehören wohl zu den auffälligsten Arten unter den Finkenvögeln. Sie haben sich nämlich auf eine bestimmte Nahrung – die Samen von Nadelbäumen – spezialisiert. Und um an diese Samen heranzukommen, haben sie auch spezialisierte Schnäbel entwickelt. Die Schnäbel sind vorne seitlich stark zusammengedrückt, und ihre Spitzen überkreuzen sich. Der Fichtenkreuzschnabel kommt in Europa in großen Teilen der Iberischen Halbinsel, in den Alpen, in Schottland und in großen Teilen Skandinaviens vor, von wo aus sich das Verbreitungsgebiet nach Osten fortsetzt. Innerhalb Deutschlands brüten Fichtenkreuzschnäbel vor allem in den Nadelwäldern der Mittelgebirge und der Alpen. Die Brutzeit hat einen Schwerpunkt in der Zeit von Januar bis April. Man findet Nester mit Eiern und Jungen aber je nach Nahrungsangebot auch im Sommer und Herbst. Die Vögel legen 3 bis 5 Eier, die auf grünlichweißem Grund dunkelbraun gefleckt sind.

Schneefink *Montifringilla nivalis*

Der Schneefink zeigt eine ähnliche Verbreitung wie der Mauerläufer; er kommt in den Alpen vor, aber auch in den Pyrenäen, im Apennin und im Kaukasus, in den Hochgebirgen auf dem Balkan und in anderen Rassen auch in Hochgebirgsgegenden Vorder- und Zentralasiens. Der 18 cm lange Vogel besiedelt nackte Berggipfel über 1800 m. Man trifft ihn auch an Almhütten, Berggasthöfen und ähnlichen hochgelegenen Gebäuden an. Beide Geschlechter sind gleich gefärbt. Die helle Brust, die schwarze Kehle, der braune Rücken, die weißen Schwanzkanten und vor allem die weißen Flügelfelder ergeben insgesamt eine leicht erkennbare Vogelgestalt. Das Nest des Schneefinks ist ein umfangreicher Bau aus Wurzeln, Pflanzenteilen, Moos und Flechten. Innen ist es mit feinerem Pflanzenmaterial, mit Haaren und Federn warm ausgepolstert, um Eier und Junge in dem extremen Lebensraum gut zu schützen. Das Nest steht in Felsspalten oder unter Felsblöcken, aber auch in Mauerlöchern und unter Dächern von Gebäuden. Die Vögel legen 4 bis 5 Eier. Sie sind rein weiß gefärbt und ohne Glanz. Volle Gelege findet man schon Ende April/Anfang Mai. Es scheinen 2 Bruten stattzufinden.

Alpenbraunelle *Laiscopus collaris*

Die Heckenbraunelle *(Prunella modularis)* mit der grauen Brust, dem braunen, dunkel gestreiften Rücken und dem dünnen Insektenfresserschnabel ist ein Vogel, den wohl jeder Vogelfreund aus Gärten und Parks kennt. Auf einer Bergwanderung in den Alpen wird er nun gelegentlich der verwandten Alpenbraunelle begegnen. Sie ist um Kopf und Brust ebenfalls grau gefärbt. Die Kehle ist aber weißlich und weist eine schwarze Fleckung auf. Charakteristisch ist die rostbraune Streifung und Fleckung an den Flanken. Der Vogel ist inselartig über alle höheren Gebirgszüge Europas verbreitet, doch zieht sich das Verbreitungsgebiet bis nach Japan hin. In den Alpen begegnet man der Alpenbraunelle nur oberhalb der Baumgrenze in alpinen Matten, die von Felsblöcken übersät sind. Man wird sie aber nirgends häufig antreffen. Im Spätherbst verlassen die Braunellen ihre hochgelegenen Brutgebiete und suchen tiefere Lagen auf. Die Vögel bauen feste Nester aus Pflanzenmaterial. Die Nestmulde wird mit Moos, Haaren und Federn ausgelegt. Das Nest steht gut versteckt unter Felsbrocken oder in Felsspalten. Das Weibchen legt 4 bis 5 Eier, die einfarbig blaugrün gefärbt sind. Die Gelege findet man von Ende Mai bis in den Juli hinein. Die Brutdauer beträgt etwa 15 Tage.

Schneehase *Lepus timidus*

Tiere haben im Winter verschiedene Probleme zu bewältigen, wenn sie überleben wollen. Ein Problem ist das der Tarnung. Auf der weißen Schneedecke sind die Tiere leichter zu sehen, und deshalb können sie von Freßfeinden leichter ausgemacht werden. Darauf stellt sich nun der Schneehase in besonderer Weise ein. Im Sommerfell ist die Oberseite graubraun gefärbt, die Unterseite weißlichgrau. Auffällig sind die schwarzen Ohrenspitzen und das Fehlen von Schwarz auf der Oberseite des Schwanzes. Im Winter nun ist der Schneehase fast völlig weiß gefärbt. Lediglich die schwarzen Ohrenspitzen und die dunklen Augen fallen auf. Der Schneehase ist über das gesamte Alpengebiet verbreitet, kommt aber auch in Schottland, in Irland, auf Island und in großen Teilen Skandinaviens vor. Im Sommer kommt der Schneehase bis in Höhen oberhalb der Baumgrenze vor. Grashänge, mit Alpenrosen bewachsene Flächen und Almen werden besiedelt, und selbst an der Schneegrenze kann man die Tiere beobachten. Im Winter halten sich die Schneehasen in geringerer Höhe auf. Insgesamt besiedeln sie Höhen zwischen 600 und 3700 m. Schneehasen werden 45 bis 60 cm lang und 2 bis 5 kg schwer. Zweimal im Jahr werden 2 bis 4 Junge geboren.

Murmeltier *Marmota marmota*

Das Murmeltier ist ein ganz charakteristisches Alpentier, das wohl jedem Bergwanderer schon einmal begegnet sein dürfte. Es ist ausschließlich in Europa verbreitet und besiedelt hier das Alpengebiet; es ist aber in den Pyrenäen, in den östlichen Alpen und in den Karpaten eingeführt worden. Auch in der Hohen Tatra gibt es einen Murmeltierbestand. Lebensraum der Tiere sind die Matten und Almen. Der Schwerpunkt ihres Vorkommens liegt in Höhen zwischen 1400 und 2700 m. Die Tiere werden 50 bis 60 cm lang und 4 bis 8 kg schwer. Der Schwanz ist mit 13 bis 16 cm verhältnismäßig lang. Das Fell ist graubraun gefärbt, die Schwanzspitze ist dunkel. Die Tiere leben meist kolonieweise zusammen. Sie graben unterirdische Baue, die oft weit verzweigt sind und eine große Nestkammer aufweisen. Bei Beunruhigung oder Gefahr stellen sich die Tiere auf die Hinterbeine, um das Gelände besser zu übersehen und dann deutlich und weit hörbar zu pfeifen. Vor Einbruch des Winters tragen die Tiere büschelweise Pflanzenmaterial in den Bau ein. Dann wird der Bau verstopft, und die Murmeltiere halten von Oktober bis April ihren Winterschlaf.

Schneemaus *Microtus nivalis*

Die Schneemaus ist nahe verwandt mit der allbekannten Feldmaus *(Microtus arvalis).* Sie wird 12 bis 14 cm lang, der Schwanz zusätzliche 7 bis 7,5 cm. Die Maus besitzt ein dichtes und langhaariges Fell; es ist hellgrau gefärbt. Die Schneemaus besiedelt alle höheren Gebirge Europas. Ihr Lebensraum sind felsige Hänge, steinige Grashalden und mit Alpenrosen bestandene steinige Flächen. Die Mäuse sind bei Tag aktiv, vor allem, wenn die Sonne scheint. Bei trübem, kaltem Wetter bleiben die Tiere in ihrem Bau. Die Schneemaus ist insofern höchst bemerkenswert, als sie selbst noch in 4700 m (!) Höhe vorkommt. Sie ist damit das am höchsten lebende Säugetier überhaupt. Das dichte Fell und die energiesparende Lebensweise sind die Anpassungen, die der Schneemaus das Überleben in diesem extremen Lebensraum ermöglichen.

Alpenspitzmaus *Sorex alpinus*

Innerhalb der Klasse der Säugetiere bilden Igel, Maulwurf, Fledermäuse und Spitzmäuse die Ordnung der Insektenfresser *(Insectivora).* Diese Stellung im System deutet klar an, welche Nahrung die Alpenspitzmaus bevorzugt: Insekten und deren Larven, Würmer und Schnecken. Alpenspitzmäuse werden 6,2 bis 7,7 cm lang, der Schwanz bis zu 7,5 cm. Sie besitzen ein dunkel schiefergraues Fell. Die Unterseite ist dabei kaum heller als die Oberseite. Der Schwanz weist eine kurze Behaarung auf. Die Alpenspitzmaus besiedelt vor allem schattig-feuchtes Gelände, sowohl Matten wie Blockhalden und auf felsigem Untergrund stockende Fichtenbestände. Die Tiere kommen im gesamten Alpenraum vor. Sie besiedeln Höhenlagen zwischen 600 und 2500 m. Dabei besteht ein vertikaler Verbreitungsschwerpunkt bei etwa 1000 m. In den Mittelgebirgen findet man diese Spitzmaus ebenfalls, etwa im Schwarzwald, im Harz, in der Rhön, im Fichtelgebirge, im Bayerischen Wald und im Böhmerwald. In diesen Gebieten werden Höhen ab 300 m besiedelt. Hier halten sich die Tiere meist in der Nähe von fließenden Gewässern auf. Mit der im ähnlichen Lebensraum vorkommenden Wasserspitzmaus *(Neomys fodiens)* kann man sie aber kaum verwechseln, da jene Art eine deutlich hellere Unterseite aufweist und dadurch schwarz-weiß gefärbt erscheint. Alpenspitzmäuse sind tag- und nachtaktiv. Die Weibchen werfen zwei- bis viermal im Jahr jeweils 5 bis 7 Junge. Die jungen Spitzmäuse werden etwa 3 Wochen lang gesäugt. Im Alter von 3 bis 4 Monaten werden sie geschlechtsreif. Die Tiere werden etwa 1½ Jahre alt.

Baummarder *Martes martes*

In eine ganz andere Säugetierordnung als die bisher vorgestellten Arten gehört der Baummarder, nämlich in die der Raubtiere *(Carnivora)*. Innerhalb dieser Ordnung stellen ihn die Systematiker in die Familie der Marderartigen *(Mustelidae)*. Der Baummarder ist mit Ausnahme der Iberischen Halbinsel, Islands, Großbritanniens, Nordskandinaviens und Griechenlands über fast ganz Europa verbreitet. Dennoch wird man den Räuber nur selten zu sehen bekommen. Das liegt zum einen daran, daß die Tiere fast ausschließlich nachts aktiv sind. Zum anderen ist dieser Marder an geschlossene Misch- und Nadelwälder gebunden. Bis in rund 2000 m Höhe ist er anzutreffen. Den Baummarder kann man von dem nahe verwandten Steinmarder *(Martes foina)* gut unterscheiden: Der Baummarder besitzt einen geschlossenen gelben Kehlfleck, der Steinmarder dagegen einen zweigeteilten weißen. Baummarder leben in Baumhöhlen; dort ziehen sie pro Wurf 3 bis 5 Junge auf. Die Nahrung der Tiere besteht aus kleinen Säugern und Vögeln, Insekten und Früchten.

Luchs *Felis lynx*

Im Gegensatz zum oben vorgestellten Baummarder gehört der Luchs zwar ebenfalls zu den Raubtieren, aber innerhalb dieser Ordnung zur Familie der Katzen *(Felidae)*. Ursprünglich war der Luchs über alle großen Waldgebiete Europas, Mittelasiens und Nordamerikas verbreitet. Aber als Nahrungskonkurrent des Menschen und als »gefährliches Raubtier« wurde er unbarmherzig verfolgt, und heute gibt es in Europa lediglich noch verschiedene Verbreitungsinseln. Im Bayerischen Wald und in der Schweiz wurde die Art in jüngster Zeit wieder ausgesetzt. Luchsen begegnet man am ehesten in Skandinavien, in einigen Gebieten der Iberischen Halbinsel, auf dem Balkan und in den Karpaten. Die Fellfärbung variiert von einer rotbraunen zu einer graubraunen Grundfarbe mit einer nur schwach, manchmal aber auch kräftiger erscheinenden dunklen Fleckung. Auffällig sind weiter die Ohren, die an der Spitze bis zu 4 cm lange pinselartige Haarbüschel tragen, und der Backenbart. Der kurze stummelförmige Schwanz trägt eine schwarze Spitze. Luchse werden 0,80 bis 1,30 m lang; die Tiere werden 18 bis 45 kg schwer. Sie sind vorwiegend dämmerungs- und nachtaktiv und heimliche Einzelgänger, die sich geschickt an ihre Beute – Hasen, Rehe, kleine Nagetiere und Vögel – heranpirschen. Aus der entsprechenden Entfernung wird die Beute dann angesprungen. Im April/Mai wirft das Weibchen 2 bis 4 Junge, die 5 Monate lang gesäugt werden.

Rothirsch *Cervus elaphus*

Das Rotwild ist über große Teile Europas und Asiens verbreitet. Es kommt aber auch in Nord- und Südamerika vor und wurde in Australien und Neuseeland eingeführt. Ein Blick auf die Verbreitungskarte des Rotwildes zeigt, daß die europäischen Vorkommen inselartig verteilt liegen. Die Ursache ist, daß das Rotwild große zusammenhängende Wälder als Lebensraum benötigt. In Mitteleuropa sind solche Lebensräume fast ausschließlich in den Mittelgebirgen und in den Alpen zu finden. Weil das Rotwild einen so hohen Stellenwert als jagdbares Wild besitzt, sind die Jäger versucht, zu große Bestände in ihren Revieren zu halten. Mannigfaltige ökologische Konsequenzen – vor allem Schäden an der Vegetation – legen es nahe, die Rotwildbestände stärker zu verdünnen. Wildbiologen, Ökologen, Förster und Jäger liegen wegen dieser Problematik miteinander im Streit.
Das Rotwild wird man heute fast nur noch in der Dämmerung und in der Nacht beobachten können. Die Tiere werden in unserer dicht besiedelten Landschaft so stark gestört, daß sie sich tagsüber in Dickungen verborgen halten. Die Geschlechter leben getrennt. Lediglich zur Brunftzeit, die in der zweiten September- und ersten Oktoberhälfte liegt, kommen die Brunftrudel zusammen. Die weiblichen Tiere setzen im Mai/Juni je 1 Kitz, das sie 9 Monate lang säugen. Rothirsche werden bis zu 20 Jahre alt.

Mufflon *Ovis musimon*

Nach der letzten Eiszeit kam das Mufflon nur noch auf Korsika und Sardinien vor. Gegen Ende des 19. Jahrhunderts wurde es aber von den beiden Mittelmeerinseln aus in ganz Europa ausgesetzt, und heute ist das Tier in Laub- und Mischwäldern der Mittelgebirgslagen heimisch geworden. Der Muffelwidder trägt schneckenförmig gewundene Hörner. Außerdem kann man die männlichen Tiere gut an dem hellen Sattelfleck auf dem Rücken erkennen. Die weiblichen Tiere, die Muffelschafe, tragen dagegen kurze, schmale Hörner, die nur leicht nach rückwärts gebogen sind. Manche Weibchen tragen gar keine Hörner. Während das Rotwild heute fast nur noch in der Dämmerung und nachts außerhalb der Einstände zu beobachten ist, sind Mufflons auch tagsüber aktiv. Die Tiere leben in Rudeln gesellig zusammen. Ihre Brunftzeit liegt im Oktober/November. Die Schafe setzen nach einer Tragzeit von ½ Jahr im Frühling je 1 oder 2 Lämmer. Die Jungtiere machen sich mit 6 Monaten selbständig. Mufflons werden 12 bis 15 Jahre alt.

Gemse *Rupicapra rupicapra*

Während das verwandte Mufflon eher in nicht allzu hoch gelegenen Bergwäldern vorkommt, ist die Gemse mit Schwerpunkt im Waldgürtel zwischen 800 m und 2300 m verbreitet. Die Tiere kann man aber auch in ungleich höheren Lagen der Mattenregion beobachten. Gemsen sind über die Hochgebirge Mittel- und Südeuropas verbreitet. Man hat die Tiere darüber hinaus auch in Mittelgebirgen angesiedelt, so im Schwarzwald, auf der Schwäbischen Alb, in den Vogesen und im Elbsandsteingebirge. Gemsen leben fast immer in kleineren Trupps zusammen. Die Rudel bestehen außerhalb der Brunftzeit einerseits aus den Geißen mit ihren Kitzen, andererseits aus den Böcken. Zur Brunftzeit im November/Dezember stoßen die Böcke zu den Weibchen-/Kitz-Rudeln. Gemsen werden 1,10 bis 1,30 m lang. Die Geißen wiegen 30 bis 40 kg, die Böcke 35 bis 50 kg. Gemsen tragen im Sommer ein rötlich-braunes Fell. Auf dem Rücken verläuft vom Nacken bis zum Ansatz des kurzen Schwanzes ein schwarzbrauner Aalstrich. Nach dem Haarwechsel zeigen die Gemsen ein braunschwarzes, dichtes Winterfell.

Steinbock *Capra ibex*

Es hätte nicht viel gefehlt, und der Steinbock, ein ganz charakteristisches Alpentier, wäre im Laufe des vorigen Jahrhunderts ausgestorben. Besser müßte man sagen, er wäre ausgerottet worden. Zu Beginn unseres Jahrtausends lebten Steinböcke noch im größten Teil der Alpen. Im Mittelalter setzte dann eine stetige Dezimierung der Bestände ein. Idealisten initiierten 1816 einen strengen Schutz der Tiere im Gran Paradiso-Gebiet, das 1854 Privatbesitz des italienischen Königs wurde. Aus diesem geschützten Bestand entstammen letztlich die Tiere, die heute an vielen Stellen der Alpen wieder ansehnliche Kolonien bilden. Nur in Deutschland sind die Tiere nicht wieder heimisch geworden. Steinböcke leben – wie die Gemsen – in Rudeln. Vom Frühling bis zum Herbst bilden einerseits die Böcke, andererseits die Geißen, Kitze und Jungtiere eigene Rudel. Diese Ordnung wird nur während der Brunftzeit, die im Dezember/Januar liegt, durchbrochen, wenn sich die Bockrudel auflösen und die Böcke zu den Geißen stoßen. Nach einer Tragzeit von 5 bis 6 Monaten werden dann im Mai/Juni die Kitze geboren. Steinböcke werden 1,25 (Geißen) bis 1,50 m (Böcke) lang, Geißen bis zu 65 kg, Böcke bis zu 120 kg schwer. Die Hörner der Böcke können bis 1 m lang werden, die der weiblichen Tiere bis 30 cm. Steinböcke besiedeln vor allem felsiges Gelände in Höhen zwischen 2000 und 3500 m.

Register

Deutsche Namen

Wissenschaftliche Namen